# Modelagem Matemática
## na educação básica

*Conselho Acadêmico*
Ataliba Teixeira de Castilho
Carlos Eduardo Lins da Silva
Carlos Fico
Jaime Cordeiro
José Luiz Fiorin
Tania Regina de Luca

Proibida a reprodução total ou parcial em qualquer mídia
sem a autorização escrita da editora.
Os infratores estão sujeitos às penas da lei.

A Editora não é responsável pelo conteúdo deste livro.
Os Autores conhecem os fatos narrados, pelos quais são responsáveis,
assim como se responsabilizam pelos juízos emitidos.

---

Consulte nosso catálogo completo e últimos lançamentos em **www.editoracontexto.com.br**.

Lourdes Werle de Almeida
Karina Pessôa da Silva
Rodolfo Eduardo Vertuan

# Modelagem Matemática
## na educação básica

*Copyright* © 2011 dos Autores

Todos os direitos desta edição reservados à
Editora Contexto (Editora Pinsky Ltda.)

*Montagem de capa e diagramação*
Gustavo S. Vilas Boas

*Preparação de textos*
Lilian Aquino

*Revisão*
Lourdes Rivera

Dados Internacionais de Catalogação na Publicação (CIP)
(Câmara Brasileira do Livro, SP, Brasil)

Almeida, Lourdes Werle de
Modelagem matemática na educação básica / Lourdes Werle
de Almeida, Karina Pessôa da Silva, Rodolfo Eduardo Vertuan. –
1. ed., 2ª reimpressão – São Paulo : Contexto, 2025.

Bibliografia
ISBN 978-85-7244-697-6

1. Aprendizagem – Metodologia  2. Ensino – Métodos
3. Métodos de estudo 4. Modelos matemáticos
5. Professores – Formação profissional I. Silva, Karina Pessôa da.
II. Vertuan, Rodolfo Eduardo.  III. Título.

12-00652 CDD-511.8

Índice para catálogo sistemático:
1. Aprendizagem : Modelagem matemática 511.8

2025

EDITORA CONTEXTO
Diretor editorial: *Jaime Pinsky*

Rua Dr. José Elias, 520 – Alto da Lapa
05083-030 – São Paulo – SP
PABX: (11) 3832 5838
contato@editoracontexto.com.br
www.editoracontexto.com.br

# SUMÁRIO

**PREFÁCIO** ...............................................................................................................7

**APRESENTAÇÃO** .....................................................................................................9

**PARTE I**
**MODELAGEM MATEMÁTICA NA EDUCAÇÃO MATEMÁTICA:**
**O QUE É, POR QUE USAR E COMO USAR** ....................................................11

1. O que é Modelagem Matemática na Educação Matemática? ...................12
   Modelo matemático ...............................................................................13
   Modelagem Matemática .........................................................................15

2. Como usar Modelagem Matemática? .......................................................20
   O espaço e a condução das atividades de Modelagem
   Matemática no currículo escolar e/ou nas aulas de Matemática .............21
   A atuação do professor nas aulas com Modelagem Matemática ..............23
   A familiarização dos estudantes
   com atividades de Modelagem Matemática .............................................25

3. Por que usar Modelagem Matemática na aula de Matemática? ................28
   Aspectos motivacionais e relações com a vida
   fora da escola ou com as aplicações da Matemática ...............................30
   O uso do computador nas aulas de Matemática ......................................31
   A realização de trabalhos cooperativos ..................................................32
   O desenvolvimento do conhecimento crítico e reflexivo .........................33
   O uso de diferentes registros de representação ......................................34
   A ocorrência de aprendizagem significativa ...........................................36

**PARTE II**
**ALGUNS PROBLEMAS – ALGUMAS SOLUÇÕES** .........................................39

1. Na hora de apagar a luz ...........................................................................41

2. E eu pergunto: tem calça de qual tamanho? ............................................48

3. A matemática do vai e vem das marés .....................................................54

4. Um papel aqui... uma casca de fruta ali... Lixo jogado nas ruas ........ 67

5. A segurança eletrônica em questão: cerca elétrica ........ 75

6. Para o lanche: vai uma pipoca aí? ........ 83

7. Medindo a quantidade de chuva ........ 89

8. Casa própria: será que com o salário dá? ........ 98

9. Idade da gestante e síndrome de down: qual a relação? ........ 106

10. Um bom "fim" para as garrafas pet: a reciclagem ........ 116

PARTE III
**E A MODELAGEM MATEMÁTICA CONTINUA:
O QUE AINDA PODE SER ESTUDADO** ........ 127

1. Cuidado! Não deixe a depressão te pegar! ........ 128

2. Ser ou não ser doador de órgãos? Eis a questão! ........ 131

3. Consumo mundial de cigarros ........ 135

4. Prato colorido! Mais saudável, mais bonito! ........ 138

5. Quanto suco existe em uma laranja? ........ 142

6. Pintar pode ser bem divertido! Mas "quantos são os metros de pintura"? ........ 146

**CONSIDERAÇÕES FINAIS** ........ 153

**BIBLIOGRAFIA** ........ 155

**OS AUTORES** ........ 157

# PREFÁCIO

A Modelagem Matemática, como processo de ensino-aprendizagem, surgiu entre nós mais por necessidade do que por acaso. Começou quando, num curso de especialização para professores de Matemática, foi trocado o enfoque de ensino clássico por atividades relacionadas a situações e problemas locais com características sociais, econômicas, ambientais etc. O conteúdo de Matemática era desenvolvido de acordo com a necessidade para resolver os problemas formulados que eram relacionados com o tema escolhido. Percebemos, então, que os problemas criados pelos alunos eram muito mais motivadores da aprendizagem que aqueles vindos de outras situações, apesar de terem conteúdos análogos aos seus. A criação de problemas novos era muitas vezes, mais interessante e atraente que sua própria resolução.

Esse procedimento de criação/resolução de problemas, enfocando o ensino-aprendizagem da Matemática ganhou força e tomou rumos distintos entre os pesquisadores da área de Educação Matemática. A justificativa de tal procedimento, junto às bases educacionais passou a dominar os congressos e encontros específicos da área em que a "Modelagem Matemática" tem se destacado mais pelas suas características do que pelo processo de criação de problemas com resoluções conceituais.

Acreditamos que os dois ramos que surgiram com o desenvolvimento da Modelagem Matemática, teoria e prática, devam convergir para o mesmo objetivo: ensino-aprendizagem de Matemática. Este livro é um exemplo desse fato, utiliza modelos provenientes de experiências em salas de aula, formulados com o intuito de explicar ou resolver situações reais. Contém uma série de problemas interessantes e motivadores que podem ser analisados e entendidos com o uso de conceitos matemáticos simples. O texto é construído com o próprio processo de modelagem.

Sua adequação às salas de aula nos parece bastante simples e deverá ser um presente bem-aceito pela comunidade de professores que procuram melhorar seus procedimentos educacionais e mostrar que a Matemática pode ser tão interessante quanto agradável.

A estruturação clara do texto mede a maturidade dos autores que souberam dosar o conteúdo matemático em problemas interessantes. Consideramos muito importante a contribuição deste livro como material de apoio aos que buscam levar a realidade para as salas de aula.

*Rodney C. Bassanezi*

# APRESENTAÇÃO

A Modelagem Matemática constitui uma alternativa pedagógica em que se aborda, por meio da Matemática, um problema não essencialmente matemático. As aplicações da Matemática visualizadas por atividades de modelagem requerem um comportamento ativo de professores e alunos na própria definição de problemas (e não apenas na resolução de problemas já propostos, como acontece na maior parte dos livros didáticos). Este ainda não é um procedimento usual, especialmente no âmbito da educação básica.

Daí a importância de proporcionar aos professores oportunidades de acesso às diferentes possibilidades de integração de atividades de Modelagem Matemática às aulas, bem como a outras atividades já desenvolvidas, com a expectativa de que se criem perspectivas otimistas em relação ao uso da modelagem em sua prática docente.

E é para proporcionar oportunidades como essas que este livro destina-se principalmente a professores da educação básica e a estudantes de cursos de formação de professores para esse nível de escolaridade. O objetivo é apresentar a Modelagem Matemática e partilhar atividades já desenvolvidas em alguma instância de ensino e de aprendizagem.

A obra está dividida em três partes. Na Parte I apresentamos uma caracterização da Modelagem Matemática, discutindo as questões "O que é Modelagem Matemática?", "Como usar Modelagem Matemática?" e "Por que usar Modelagem Matemática?" na sala de aula.

Na Parte II propomos dez atividades de modelagem que já foram desenvolvidas por estudantes ou professores de educação básica, abordando temas como marés, reciclagem, salários, entre outros de interesse daqueles grupos. Descreve-se também rapidamente algum conteúdo matemático que emergiu do desenvolvimento de cada uma dessas atividades, e apresenta-se uma breve discussão de encaminhamentos para a sala de aula.

A Parte III indica seis atividades para as quais apresentamos alguns dados relativos a um tema a ser investigado e apontamos uma possibilidade para o estudo da situação, mostrando, entretanto, que outras abordagens podem ser delineadas durante o desenvolvimento na sala de aula.

Algumas das atividades apresentadas para ilustrar o nosso entendimento de Modelagem Matemática foram desenvolvidas por outros professores ou por alunos nossos de diversos níveis de escolaridade. Expressamos profundo agradecimento a essas pessoas, pois a elaboração deste livro também foi influenciada por essas atividades e pelo que aprendemos com elas e com aqueles que as criaram.

*Os autores*

# Parte I

# MODELAGEM MATEMÁTICA NA EDUCAÇÃO MATEMÁTICA: O QUE É, POR QUE USAR E COMO USAR

Ainda nas duas últimas décadas do século XX começou a se delinear uma perspectiva na área de Educação Matemática que, para além da já reconhecida importância da introdução de aplicações da Matemática no âmbito escolar, se debruça sobre o ensino e a aprendizagem mediados por problemas que têm sua origem, de modo geral, fora da Matemática.

Especificidades desses problemas em si, encaminhamentos que podem ser dados para a investigação desses problemas bem como relações desses encaminhamentos com a aprendizagem dos alunos, têm sido o foco de inúmeros projetos de ensino, pesquisa e extensão, cuja divulgação tem se intensificado, especialmente em periódicos e anais de eventos científicos ou acadêmicos, neste século XXI.

Não obstante essa divulgação, professores dos diferentes níveis de escolaridade têm se deparado com certezas (e incertezas), com relatos de sucessos (e insucessos), com saberes (e não saberes) sobre o que é uma atividade de Modelagem Matemática desenvolvida na sala de aula e a que desdobramentos a integração dessas atividades às aulas pode conduzir.

Considerando os investimentos nas pesquisas, que em algumas situações também se debruçam sobre aspectos pragmáticos, e no desenvolvimento de material bibliográfico que de algum modo possa fomentar as práticas, todavia, parece que três questões são recorrentes: a) O que é Modelagem Matemática na Educação Matemática? b) Como fazer Modelagem Matemática na sala de aula? c) Por que fazer Modelagem Matemática na sala de aula? Com a intenção de tratar dessas questões é que estruturamos esta primeira parte do livro.

# O QUE É MODELAGEM MATEMÁTICA NA EDUCAÇÃO MATEMÁTICA?

Uma particularidade no que se refere à inserção da Modelagem Matemática na Educação Matemática reside justamente no fato de que a "origem" da Modelagem Matemática não se deu no âmbito da Educação Matemática. Ao contrário, o *habitat* natural da Modelagem Matemática é a área que se convencionou chamar de Matemática Aplicada, e no interior da qual surgiram os primeiros conceitos e procedimentos em relação ao que caracteriza uma atividade de Modelagem Matemática.

É a partir dessa "importação" da Matemática Aplicada que a conceitualização e a caracterização da Modelagem Matemática na Educação Matemática têm tido diferentes abordagens e têm sido realizadas segundo diferentes pressupostos em relação às concepções pedagógicas que norteiam as práticas educativas e as estruturações teóricas das pesquisas científicas.

O entendimento que temos em mente neste livro considera que, de modo geral, uma atividade de Modelagem Matemática pode ser descrita em termos de uma situação inicial (problemática), de uma situação final desejada (que representa uma solução para a situação inicial) e de um conjunto de procedimentos e conceitos necessários para passar da situação inicial para a situação final (figura 1). Nesse sentido, relações entre realidade[1] (origem da situação inicial) e Matemática (área em que os conceitos e os procedimentos estão ancorados), servem de subsídio para que conhecimentos matemáticos e não matemáticos sejam acionados e/ou produzidos e integrados. A essa situação inicial problemática chamamos situação-problema; à situação final desejada associamos uma representação matemática, um modelo matemático.

**Figura 1:** A situação inicial e a situação final na Modelagem Matemática

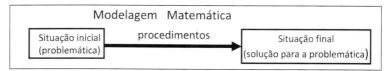

O termo "problema" é entendido aqui como uma situação na qual o indivíduo não possui esquemas *a priori* para sua solução. Assim, para a resolução de situações-problema, de modo geral, não há procedimentos previamente conhecidos ou soluções já indicadas.

Para ilustrar essa ideia, podemos pensar, por exemplo, no problema das lâmpadas fluorescentes alojadas em um depósito, conforme será descrito na seção 1 da Parte II deste livro. Nesse caso, a situação inicial consiste na problemática do descarte das lâmpadas fluorescentes. A situação final, por sua vez, corresponde à possibilidade de determinar a quantidade de mercúrio remanescente no ambiente em função desse descarte. Os procedimentos envolvem o levantamento de informações e o uso de conceitos matemáticos e extramatemáticos para obter um modelo matemático que viabiliza determinar a quantidade de mercúrio remanescente no ambiente num instante qualquer.

## MODELO MATEMÁTICO

Ainda que o termo "modelo" tenha sua origem do latim *modellum*, diminutivo de *modus*, que significa "medida em geral", parece mais adequado considerarmos a caracterização apresentada para o termo no dicionário etimológico de Cunha (1989) como "representação de alguma coisa".

Nesse sentido, a "criação de modelos" para representar algo pode ser percebida em diversas áreas do conhecimento como Arte, Moda, Engenharia, Matemática, entre outras. O que pode variar é a finalidade para a qual os modelos são construídos, podendo prever o comportamento de um fenômeno, ser demonstrativo de algo (como uma maquete), ter um fim pedagógico (auxiliar na ilustração de algum conceito), ser descritivo de algo, entre outras. Independentemente da finalidade, o modelo é sempre uma tentativa de expor e/ou explicar características de algo que não está presente, mas se "torna presente" por meio deste modelo.

No âmbito da Matemática não é diferente! Usamos modelos – modelos matemáticos – para representar, explicar e "tornar presentes" situações (que podem não ser matemáticas) que queremos analisar usando matemática. Podemos dizer, então, que um modelo matemático é um sistema conceitual, descritivo ou explicativo, expresso por meio de uma linguagem ou uma estrutura matemática e que tem por finalidade descrever ou explicar o comportamento de outro sistema, podendo mesmo permitir a realização de previsões sobre este outro sistema.

Um modelo matemático é, portanto, uma representação simplificada da realidade sob a ótica daqueles que a investigam. Sua formulação, todavia, não tem um fim em si só, mas visa fomentar a solução de algum problema.

Consideremos, por exemplo, a situação do aumento do número de pessoas que têm manifestado reações alérgicas no decorrer do tempo, conforme mostra a figura 2. Uma primeira "pergunta" que poderíamos fazer é: Será que este aumento na incidência de pessoas com alergia vai continuar aumentando nas mesmas proporções indicadas na figura para o período entre 1970 e 2000?

Nesse caso, temos à disposição dois registros importantes: o texto, sugerindo que se trata de uma progressão geométrica e o registro dos gráficos de setores, conforme mostra a figura 2.

**Figura 2:** Incidência de alergias na população (em %)

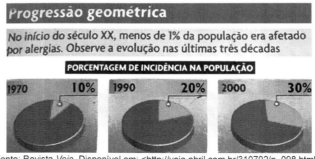

Fonte: Revista *Veja*. Disponível em: <http://veja.abril.com.br/310702/p_098.html>.
Acesso em: 20 nov. 2011.

Podemos analisar a situação, buscando respostas para a pergunta, a partir de duas informações importantes: a sugestão do texto (trata-se de uma progressão geométrica) e considerar que, no decorrer da próxima década, o crescimento do número de pessoas com alergias mantém o mesmo comportamento.

Essas informações, aliadas a um conjunto de procedimentos e conceitos matemáticos, conduzem ao modelo matemático $A_t = 10.3^{\frac{t-1}{30}}$, onde $A_t$ representa o percentual de incidência de alergias na população e $t$ o número correspondente ao ano, sendo $t=1$ equivalente ao ano de 1970. Ou seja, o modelo permite estimar o percentual de pessoas que poderão apresentar manifestações alérgicas no decorrer do tempo e, nesse aspecto reside a intencionalidade de sua construção.

Um modelo matemático pode ser escrito utilizando-se para isso diferentes sistemas de representação. Uma equação, uma tabela, um gráfico, são exemplos de representações que podem ser associadas aos modelos matemáticos. Assim, as imagens da figura 3 são apenas diferentes formas de representar um mesmo modelo matemático associado ao percentual da população que apresenta problemas alérgicos a partir do ano de 1970. Nesse caso, o tempo $t$ é considerado como uma variável contínua.

**Figura 3:** Diferentes representações de um mesmo modelo matemático

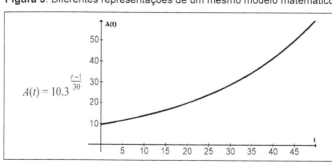

## MODELAGEM MATEMÁTICA

Segundo o dicionário *Houaiss* (2009), o termo "modelagem" significa dar forma a algo por meio de um modelo. Seguindo esse entendimento podemos dizer que a Modelagem Matemática visa propor soluções para problemas por meio de modelos matemáticos. O modelo matemático, nesse caso, é o que "dá forma" à solução do problema e a Modelagem Matemática é a "atividade" de busca por essa solução.

Bento de Jesus Caraça (1901-1948), matemático português, publicou em 1941 a primeira edição de seu livro *Fundamentos da Matemática*, e nessa obra argumenta que a atividade matemática se desenvolve impulsionada por duas buscas: a busca de respostas para questões oriundas da própria Matemática e a busca da compreensão de fenômenos ou de respostas para problemas da realidade física, social e cultural que envolve o homem.

Nesse sentido, a busca por soluções para problemas mediada pela construção de modelos não é nova e remete ao próprio desenvolvimento da Matemática e de suas aplicações.

No livro, entretanto, daremos ênfase ao segundo tipo de busca a que se refere Caraça, considerando que uma atividade de Modelagem Matemática tem em uma situação problemática a sua origem e tem como característica essencial a possibilidade de abarcar a cotidianidade ou a relação com aspectos externos à Matemática, caracterizando-se como um conjunto de procedimentos mediante o qual se definem estratégias de ação do sujeito em relação a um problema.

Uma atividade de Modelagem Matemática, nesse contexto, envolve fases relativas ao conjunto de procedimentos necessários para configuração, estruturação e resolução de uma situação-problema as quais caracterizamos como: inteiração, matematização, resolução, interpretação de resultados e validação.

**Figura 4:** Fases da Modelagem Matemática

### Inteiração

O termo "inteiração" remete a "ato de inteirar-se", "informar-se sobre", "tornar-se ciente de". Em termos da atividade de Modelagem Matemática, essa etapa representa um primeiro contato com uma situação-problema que se pretende estudar com a finalidade de conhecer as características e especificidades da situação. Implica, portanto, cercar-se de informações sobre essa situação por meio de coleta de dados quantitativos e qualitativos, seja mediante contatos diretos ou indiretos. A inteiração conduz a formulação do problema e a definição de metas para sua resolução. Essa formulação é orientada pela falta de compreensão, de entendimento da situação. Todavia, ao mesmo tempo, essa formulação também requer que alguns aspectos já sejam conhecidos e é justamente esta a função da inteiração – tornar alguns aspectos conhecidos. Assim, a escolha de um tema e a busca de informações a seu respeito constituem o foco central nessa fase. Ainda que seja uma etapa inicial, a inteiração pode se estender durante o desenvolvimento da atividade, considerando que a necessidade de novas informações pode emergir no decorrer do desenvolvimento da atividade de modelagem.

## MATEMATIZAÇÃO

A situação-problema identificada e estruturada na fase de inteiração, de modo geral, apresenta-se em linguagem natural e não parece diretamente associada a uma linguagem matemática, e assim gera-se a necessidade da transformação de uma representação (linguagem natural) para outra (linguagem matemática). Essa linguagem matemática evidencia o problema matemático a ser resolvido. A busca e elaboração de uma representação matemática são mediadas por relações entre as características da situação e os conceitos, técnicas e procedimentos matemáticos adequados para representar matematicamente essas características. Daí que a segunda fase da Modelagem Matemática é caracterizada por "matematização", considerando esses processos de transição de linguagens, de visualização e de uso de símbolos para realizar descrições matemáticas. Essas descrições são realizadas a partir de formulação de hipóteses, seleção de variáveis e simplificações em relação às informações e ao problema definido na fase de inteiração. Nesse sentido, parece adequada a caracterização já apresentada por Freudenthal (1973: 43) para matematização como sendo "dar significado matemático para a organização da realidade".

## RESOLUÇÃO

Esta fase consiste na construção de um modelo matemático com a finalidade de descrever a situação, permitir a análise dos aspectos relevantes da situação, responder às perguntas formuladas sobre o problema a ser investigado na situação e até mesmo, em alguns casos, viabilizar a realização de previsões para o problema em estudo.

## INTERPRETAÇÃO DE RESULTADOS E VALIDAÇÃO

A interpretação dos resultados indicados pelo modelo implica a análise de uma resposta para o problema. A análise da resposta constitui um processo avaliativo realizado pelos envolvidos na atividade e implica uma validação da representação matemática associada ao problema, considerando tanto os procedimentos matemáticos quanto a adequação da representação para a situação. Essa fase visa, para além da capacidade de construir e aplicar modelos, ao desenvolvimento, nos alunos, da capacidade de avaliar esse processo de construção de modelos e os diferentes contextos de suas aplicações.

Ainda que essas fases constituam procedimentos necessários para a realização de uma atividade de Modelagem Matemática, elas podem não decorrer de forma linear, e constantes movimentos de "ida e vinda" entre essas fases caracterizam a dinamicidade da atividade.

A identificação dessas fases para o desenvolvimento de uma atividade de modelagem coloca em evidência aspectos que caracterizam a Modelagem Matemática: o início é uma situação-problema; os procedimentos de resolução não são predefinidos e as soluções não são previamente conhecidas; ocorre a investigação de um problema; conceitos matemáticos são introduzidos ou aplicados; ocorre a análise da solução. Assim, estes constituem elementos que caracterizam uma atividade de Modelagem Matemática (figura 5).

**Figura 5:** Elementos que caracterizam uma atividade de Modelagem Matemática

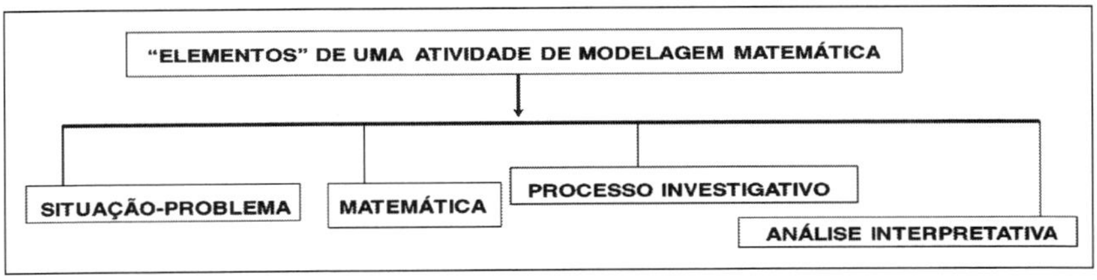

Levando em consideração que atividades assim caracterizadas podem ser incluídas em aulas regulares de Matemática, nos debruçamos sobre a condução de atividades de modelagem em ambientes educativos escolares, especialmente da educação básica. Nesse contexto, a tônica da discussão está no cenário pedagógico e as questões relativas ao ensino e a aprendizagem ocupam lugar de destaque.

Nesse contexto, a Modelagem Matemática constitui uma alternativa pedagógica na qual fazemos uma abordagem, por meio da Matemática, de uma situação-problema não essencialmente Matemática. Assim, trata-se de uma "maneira" de trabalhar com atividades na aula de Matemática. Argumentamos que em atividades conduzidas segundo essa alternativa identificam-se características fundamentais: a) envolve um conjunto de ações cognitivas do indivíduo; b) envolve a representação e manipulação de objetos matemáticos;[2] c) é direcionada para objetivos e metas estabelecidas e/ou reconhecidas pelo aluno.

Na tentativa de identificar as ações cognitivas do aluno envolvido em uma atividade de Modelagem Matemática é preciso considerar que este, ao se deparar com a situação real (situação inicial), identifica suas intenções e suas limitações para o desenvolvimento da atividade e a busca da situação final (uma resposta para o problema). Diante da atividade intencional, o indivíduo realiza ações cognitivas tanto implicitamente (por meio de procedimentos) como explicitamente (por meio de representações, de modo geral simbólicas). A interação entre conhecimento matemático e conhecimento extramatemático, em certa medida, serve de "pano de fundo" para as ações cognitivas destinadas a apresentar e explicar a situação em estudo.

Quando o aluno se depara com uma situação-problema que pretende investigar, inicialmente precisa compreender o problema fazendo algumas aproximações ou idealizações, chegando ao que denominamos representação mental da situação. Consideramos que a transição da *situação-problema* para a *representação mental da situação* implica diversas habilidades como entendimento da situação, apreensão de significado, interpretação de fatos e informações, agrupamento de ideias. O que se sabe sobre a situação na representação mental da situação corresponde já a um segundo estágio do conhecimento. Assim, entendemos que nesta transição a ação cognitiva que se pode identificar é a *compreensão da situação.*

A partir da representação mental da situação, os envolvidos com a atividade de modelagem precisam identificar o problema e definir metas para a sua resolução. A formulação de um problema para uma situação requer a estruturação e/ou simplificações deliberadas das informações acerca da situação. Assim, a ação cognitiva relevante que verificamos na identificação do problema é a estruturação da situação.

Compreender a situação-problema por meio da Matemática implica procurar respostas para o problema suscitado por essa situação – respostas fundamentadas em uma interpretação matemática para o problema. Essa estruturação é mediada por conhecimentos e habilidades que levam à identificação de regularidades e relações até então desconhecidas. Identifica-se, assim, a ação de "matematização" que culmina na construção de um modelo matemático e é fundamentada na definição e no julgamento de hipóteses que guiam a construção do modelo. Portanto, à fase da Modelagem Matemática caracterizada como matematização corresponde uma ação cognitiva também caracterizada como matematização, uma vez que a transição que busca uma linguagem matemática evidencia um problema matemático a ser resolvido; a elaboração de um modelo matemático é mediada por relações entre as características da situação e os conceitos, técnicas e procedimentos matemáticos adequados para representar matematicamente essas características, a organização de partes, a identificação de componentes.

A construção e/ou resolução de um modelo matemático com vistas a apresentar resultados matemáticos para o problema requer o domínio de técnicas e procedimentos matemáticos e uma coordenação adequada das diferentes representações associadas aos objetos matemáticos. Nessa ação cognitiva, que denominamos síntese, torna-se necessário o uso de conceitos, técnicas, métodos e representações, a solução de problemas específicos usando conhecimentos prévios, a visão de padrões, o uso de ideias conhecidas para criar novas ideias, e, em muitas situações, é adequado o uso de recursos tecnológicos como software, por exemplo.

A análise de uma resposta para o problema obtida, inicialmente em termos de resultados matemáticos por meio do modelo matemático, constitui um processo avaliativo realizado pelos envolvidos na atividade. Nessa etapa, o aluno se depara com a necessidade de comparação e distinção de ideias, generalização de fatos, articulação de conhecimentos de diferentes áreas. A ação cognitiva dos alunos nessa transição é caracterizada como interpretação e validação uma vez que diz respeito à análise da representação matemática associada ao problema, tanto em relação aos procedimentos matemáticos quanto em relação à adequação da representação para a situação.

Finalmente, o desenvolvimento de uma atividade de Modelagem Matemática culmina com a comunicação de uma resposta do problema para outros. Essa comunicação implica essencialmente o desenvolvimento de uma argumentação que possa convencer aos próprios modeladores e àqueles aos quais esses resultados são acessíveis de que a solução apresentada é razoável e é consistente, tanto do ponto de vista da representação matemática e dos artefatos matemáticos a ela associados, quanto da adequação desta representação para a situação em estudo. Nessa ação, o aluno necessita expor para outros o julgamento do valor de teorias e métodos, apresentar e justificar suas escolhas baseadas em argumentos racionalmente fundamentados, reconhecer que a situação requer alguma subjetividade.

Assim, a comunicação e argumentação também constituem ações cognitivas dos alunos envolvidos em atividades de Modelagem Matemática.

A figura 6 ilustra as ações cognitivas dos alunos e sua relação com as diferentes fases do desenvolvimento de uma atividade de Modelagem Matemática.

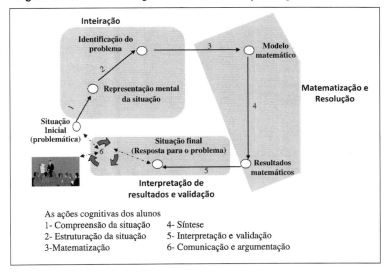

**Figura 6:** Fases da Modelagem Matemática e as ações cognitivas dos alunos

A caracterização da Modelagem Matemática em relação a outras atividades investigativas reside justamente na presença desse conjunto de ações. Ou seja, o "aluno modelador" se envolve com essas ações. Esse envolvimento pode ser mais ou menos intenso em algumas atividades, dependendo da familiarização do aluno com atividades de modelagem conforme abordaremos em seção posterior.

## NOTAS

[1] Foge aos propósitos deste livro uma discussão sobre o que é "realidade". Mas apoiamo-nos em Blum & Niss (1991) para assumir como "problema da realidade" uma situação que pode ser idealizada, estruturada e simplificada com a finalidade de ser investigada e transformada em "um problema que permite uma abordagem por meio da matemática".

[2] Objeto matemático é um conteúdo, um conceito ou um ente matemático, seja real, imaginário ou de qualquer outro tipo, que usamos para a atividade matemática.

19

# COMO USAR MODELAGEM MATEMÁTICA?

Embora reconhecendo que as questões "O que é Modelagem Matemática na Educação Matemática?", "Como fazer Modelagem Matemática na sala de aula?" e "Por que fazer Modelagem Matemática na sala de aula?" são interdependentes, não podendo uma ser completamente investigada sem recorrência às outras, é possível conjecturar que a relação entre "o que é Modelagem" e "por que introduzir atividades de Modelagem na sala de aula" vem fortemente revestida por aspectos empíricos relacionados aos encaminhamentos que a introdução da Modelagem Matemática em aulas de Matemática pode determinar.

A introdução e a condução de atividades dessa natureza nas aulas, todavia, tem ainda se mostrado o maior obstáculo para a integração da modelagem no currículo escolar. Como introduzir atividades de modelagem? Qual é a duração de uma atividade de modelagem? Como lidar com os conteúdos curriculares em atividades de modelagem? Quem deve ser responsável pela definição do problema (professor ou alunos)? Como fazer com alunos que não estão familiarizados com a resolução de situações problemáticas ou de aplicações na sala de aula? Essas são algumas das questões que a configuração curricular incluindo a modelagem coloca, especialmente ao professor disposto a implementar esta configuração em sua atividade profissional.

Ainda que a Modelagem Matemática tenha sido caracterizada como uma atividade que começa com uma situação inicial (problemática) e culmina com uma situação final (solução para o problema) – quando ela é percebida como uma alternativa pedagógica na qual fazemos uma abordagem, por meio da Matemática, de um problema não essencialmente matemático –, o foco está nos encaminhamentos e procedimentos que medeiam a transição da situação inicial para a situação final.

Todavia, nesse contexto, o enfoque "resolução de um problema" e o enfoque "ações e interesses dos alunos" são importantes para o ensino e aprendizagem da Matemática. Também nesse contexto, ensino e aprendizagem não são "atos" independentes. Ou seja, o que e como o professor faz nas aulas com modelagem tem repercussão direta sobre o que aluno faz e como ele faz para aprender.

A literatura tem nos apresentado várias orientações e argumentos favoráveis à introdução da Modelagem Matemática nos currículos escolares. No entanto, Niss (1992) já defendia que não se deve fazer tentativas de importar um pacote curricular pronto para ser usado, independentemente de seus benefícios ou potencialidades ou mesmo em termos dos sucessos ou fracassos previamente vislumbrados. A incorporação das atividades de Modelagem deve levar em consideração especificidades do contexto educacional, dando atenção aos professores, aos alunos e à própria estrutura escolar.

Assim, nesta seção, apresentamos uma configuração sobre a estruturação do "como fazer" Modelagem Matemática na sala de aula, especialmente na educação básica. No que se refere a esta questão, a literatura, no decorrer das décadas, tem tratado de aspectos diferenciados em relação às praticas de modelagem. Vamos nos dedicar aqui a três aspectos importantes na incorporação de atividades de Modelagem Matemática nas aulas de Matemática:

    i)   o espaço e a condução das atividades de Modelagem Matemática no currículo escolar e/ou nas aulas de Matemática;

    ii)  a atuação do professor nas aulas com Modelagem Matemática;

    iii) a familiarização dos alunos com atividades de Modelagem Matemática.

## O ESPAÇO E A CONDUÇÃO DAS ATIVIDADES DE MODELAGEM MATEMÁTICA NO CURRÍCULO ESCOLAR E/OU NAS AULAS DE MATEMÁTICA

Uma questão que em diversas circunstâncias é colocada pelos professores diz respeito ao espaço reservado para as atividades de modelagem no currículo de uma série da educação básica ou de uma disciplina no ensino superior. Outros autores, como por exemplo, Blum e Niss (1991), já sugeriram diferentes possibilidades para a configuração de atividades de Modelagem Matemática nas aulas de Matemática. Esses autores caracterizam as diferentes possibilidades de inclusão da Modelagem Matemática no currículo escolar como: separação, combinação, alternativa da integração curricular e alternativa interdisciplinar integrada. As duas primeiras (separação e combinação) são alternativas mais convencionais nas quais a modelagem figura como atividade usada em algumas aulas e para alguns conteúdos do programa escolar na disciplina de Matemática nas diferentes séries. Já as duas últimas (integração curricular e interdisciplinar integrada) são mais ousadas e defendem não a integração da Modelagem Matemática, mas a modelagem como "orientadora" do programa de Matemática.

No que se refere aos relatos de experiências com Modelagem Matemática na literatura brasileira, a integração da Modelagem Matemática nas atividades escolares tem se dado em diferentes circunstâncias, identificando-se, todavia, três situações particulares: a) no âmbito da própria aula de Matemática; b) em horários e espaços extraclasse; c) uma combinação destas duas circunstâncias.

a) A inclusão das atividades de Modelagem Matemática no âmbito da própria aula de Matemática presume que no decurso das aulas sejam frequentemente invocados aspectos de aplicação e Modelagem Matemática como forma de auxiliar a introdução de conceitos matemáticos. O mesmo pode ser feito no sentido inverso, quando novos conceitos, métodos e resultados matemáticos podem ser ativados para a realização de atividades de aplicação e modelagem. Nessa situação, por conseguinte, conteúdos matemáticos podem ser introduzidos ou aplicados por meio de atividades de Modelagem Matemática nas aulas regulares de Matemática. Nessa circunstância, a situação ideal, sem dúvida, seria aquela em que os problemas são o ponto de partida e a matemática necessária para resolvê-los é introduzida a partir da necessidade. Há de se ponderar, entretanto, que a resolução dos problemas abordados pode não se dar mediante conteúdos matemáticos "tratáveis" no currículo escolar daquela série ou daquela disciplina. Daí que uma certa flexibilidade em relação ao programa escolar e à disponibilidade do professor pode se tornar necessária nessa circunstância.

b) Quando atividades de Modelagem Matemática são desenvolvidas em horários e espaços extraclasse em vez de incluir as atividades de modelagem nas aulas regulares de matemática, tais atividades são desenvolvidas em cursos ou atividades extracurriculares, especialmente realizados para esse fim. Nessa circunstância, as aulas regulares podem mesmo permanecer inalteradas pela introdução da Modelagem Matemática no currículo do curso ou da disciplina. Assim, de modo geral, professor e alunos têm maior liberdade no que se refere ao atendimento de programas e currículos predeterminados, podendo mesmo avançar em termos de conceitos e procedimentos matemáticos em relação a essa estrutura curricular estabelecida.

c) Uma prática que se tem mostrado constante refere-se a uma combinação das duas anteriores, ou seja, parte das atividades é desenvolvida em aulas de Matemática nos horários regulares e parte do desenvolvimento se dá em encontros extraclasse dos alunos com seu professor. Nessa condição, limitações associadas às circunstâncias anteriores podem ser diluídas. A flexibilidade em relação ao programa escolar e à disponibilidade do professor que pode emergir da introdução da modelagem nas aulas regulares não representa mais uma "dificuldade" ao mesmo tempo em que atividades de Modelagem Matemática passam a integrar as aulas regulares de Matemática.

Não obstante o número de trabalhos que tratam da incorporação de atividades de Modelagem Matemática nas aulas de Matemática que levam em conta essas três circunstâncias, a argumentação em defesa de alternativas menos cartesianas e, provavelmente, mais ousadas em termos de inovação e adequação aos anseios da sociedade atual no que se refere às expectativas da educação escolar, também é percebida na literatura brasileira (ver, por exemplo, Caldeira, 2009).

Caldeira (2009), ao apregoar a introdução da Modelagem Matemática no currículo escolar, argumenta que não se trata de defender uma educação matemática "na qual o estudante simplesmente aprenda o que ele utilizará na semana seguinte, no seu cotidiano, mas aquela que selecione e apresente os conteúdos matemáticos necessários para uma compreensão de sua própria realidade e o fortalecimento dos vínculos sociais" (p. 37).

Ao fazer uso da Matemática, considerando tanto a utilização de algoritmos quanto os conceitos matemáticos em si, os alunos podem aplicar conhecimentos já construídos durante as aulas ou construir novos conhecimentos. Em muitas situações, ao se envolver com atividades de modelagem, os alunos se deparam com um obstáculo para o qual não possuem, provisoriamente, conhecimentos suficientes para superá-lo, emergindo assim a necessidade de construir esse conhecimento por meio dessa atividade. Logo, em atividades de modelagem, os alunos tanto podem ressignificar conceitos já construídos quanto construir outros diante da necessidade de seu uso.

Reconhecendo a multiplicidade de encaminhamentos que podem se configurar para a incorporação de atividades de Modelagem Matemática nas aulas, é possível também considerar que não há uma definição, *a priori*, sobre a duração de uma atividade de modelagem. Nesse sentido, projetos prolongados que podem se estender por semanas, situações que podem ser investigadas em algumas aulas, ou mesmo situações-problema cuja solução é encontrada em uma única aula podem se constituir como atividades de Modelagem Matemática. A caracterização da atividade reside muito mais nas iniciativas, ações e procedimentos realizados pelo professor e pelos alunos do que em delimitações de tempo e de espaço de realização da atividade.

Nesse contexto, o "como fazer" modelagem está alinhado com princípios do pragmatismo onde "a prática é algo que pode ser reproduzido por funcionar bem" (Klüber, 2010) de modo que a configuração que se estabelece para a condução de atividades de modelagem pode se repetir ou se alterar em função de interesses, acertos ou desacertos e o encaminhamento dado a uma atividade pode ser substituído por outro com a expectativa de que esse outro funcione melhor. Com essa assertiva não temos intenção de defender uma visão puramente empirista para o "como fazer" modelagem. Ao contrário, entendemos que qualquer mudança na condução das atividades de modelagem está sempre ancorada em teorias e em conhecimento advindos dessa própria condução. Trata-se apenas de argumentar que as possibilidades para a introdução e condução de atividades de Modelagem Matemática são diversas. Um aspecto a ser ponderado nesta diversidade diz respeito à atuação do professor em atividades de Modelagem Matemática.

# A ATUAÇÃO DO PROFESSOR
# NAS AULAS COM MODELAGEM MATEMÁTICA

O debate acadêmico em torno da Modelagem Matemática na Educação Matemática, tanto em termos das práticas quanto das pesquisas, tem dado grande visibilidade às discussões que tratam do papel do professor e do aluno no desenvolvimento das atividades de modelagem na sala de aula.

Uma particularidade no que se refere à inserção da Modelagem Matemática na Educação Matemática é justamente o fato de a "prática ter surgido antes de qualquer tentativa mais visível de teorização" (Barbosa, 2001: 10) e é por isso que a as discussões sobre esta prática se mostram tão férteis e por vezes, destoantes.

No que se refere às especificidades da implementação de atividades de modelagem na sala de aula, a que nos referimos como sendo o "como fazer" Modelagem Matemática, não é diferente. Desse modo, determinar especificamente o que cada um, entre professor e alunos, deve fazer durante as atividades pode parecer pretensioso, considerando a singularidade de cada situação. Todavia, não se pode ignorar que migrar de uma situação de aulas expositivas seguidas de exercícios para situações que integram na sala de aula atividades investigativas como a Modelagem Matemática, requer entrar numa aparente "zona de risco".

Nesse sentido, pesquisas revelam que muitos professores ainda se mantêm numa "zona de conforto", preferindo situações em que quase tudo é conhecido ou previsível e há pouco espaço para a "imprevisibilidade" associada às atividades de Modelagem Matemática. Para outros, ainda que anunciem um discurso manifestando desejo de ingressar em ambiente desconhecido, suas práticas não revelam essa intenção de mudança. Por fim, há os professores que mergulham no "risco" e encontram, tanto no êxito das situações favoráveis quanto na superação das situações adversas, subsídios para a elaboração de uma nova e própria "zona de conforto".

Sem dúvida, a expectativa em torno do crescimento no número de professores em confluência com esse terceiro grupo, deve perpassar os cursos de formação dos professores, atingindo a formação inicial bem como a formação continuada de professores de matemática.

Nesse âmbito de formação, é fundamental que seja estruturada uma formação docente em Modelagem Matemática a partir da tríade "aprender sobre", "aprender por meio" e "ensinar usando" Modelagem Matemática. Só assim é possível ultrapassar a visão estritamente empirista e pragmatista da prática do professor em relação à modelagem, migrando para um terreno em que se aceita que o "como fazer" é impregnado de teoria e que teoria e prática é que orientam o movimento do "conforto" para o "risco".

No entanto, mesmo conscientes de que a atuação do professor nas atividades de Modelagem Matemática é um campo de discussão próprio e merecedor de ampla atenção, neste livro não nos debruçamos sobre essa teorização. Ao invés disso, preferimos sinalizar com alguns subsídios que podem fomentar a prática do professor no que se refere à introdução de atividades de Modelagem Matemática em suas aulas.

Nesse contexto, questões de ordem mais imediatista e com implicação direta sobre o encaminhamento das atividades na sala de aula são o nosso foco de atenção: Qual é o papel do professor? Quem define o tema a ser estudado? Como conduzir aulas com Modelagem Matemática?

Talvez, no que se refere ao papel do professor em aulas mediadas por atividades de Modelagem Matemática, a questão de ordem devesse ser: professor é orientador!

Essa indicação tem uma dupla interpretação: a) orientar é indicar caminhos, é fazer perguntas, é não aceitar o que não está bom, é sugerir procedimentos; b) orientar não é dar respostas prontas e acabadas, orientar não é sinalizar que "vale-tudo"; c) orientar não é esperar que o aluno simplesmente siga exemplos; d) orientar não é livrar-se de estudar, de se preparar para o exercício da função; e) orientar não é despir-se da autoridade de professor.

Não há, por certo, uma aceitação de alunos e de toda a noosfera[1] educacional em relação a essa "função" do professor. Lidar com essa adversidade é um dos desafios para introduzir a Modelagem Matemática no currículo escolar.

Um aspecto que também tem causado questionamentos na introdução de atividades de Modelagem Matemática, especialmente por parte de professores, diz respeito à definição do problema a ser investigado por meio da atividade. A quem compete a definição do problema? Essa é uma questão que, por vezes, inquieta professores, conduzindo também a outra não menos conflituosa: o que eu faço é modelagem?

As respostas para a questão da definição do problema não são consensuais na literatura que trata do assunto. As ponderações em torno da escolha do tema e da definição do problema a ser investigado vêm orientadas, de modo geral, pela expectativa de que a escolha pode despertar o interesse do aluno pela atividade. Não obstante, a literatura tem registros de experiências de modelagem bem-sucedidas ainda que os temas tenham sido indicados pelo professor. Nesse sentido, a escolha do aluno está longe de ser condição necessária para o sucesso de uma atividade e também não se pode ter a expectativa de que seja condição suficiente para tal.

Assim, nossa argumentação em torno das justificativas para a escolha do tema, ainda que considere que "o aluno pode ser copartícipe dessa escolha" se fundamenta na assertiva de Bassanezzi (2002: 46), "a escolha final dependerá muito da orientação do professor que discursará a exequibilidade de cada tema, facilidade na obtenção dos dados, visitas, bibliografia etc.".

Para a questão "Como conduzir aulas com Modelagem Matemática?", as circunstâncias já descritas na seção anterior dão indícios de como a condução das atividades pode ser encaminhada, integrando as atividades nas aulas regulares, ou não, conforme indicamos naquela seção.

Vale ressaltar que atividades de Modelagem Matemática são essencialmente cooperativas, indicando que a modelagem tem nos trabalhos em grupo o seu aporte. Assim, outro aspecto da condução de atividades de modelagem é indicativo: grupos de alunos orientados e estimulados pelo professor desenvolvem as atividades.

Considerando as fases da modelagem já identificadas – inteiração, matematização, resolução e interpretação dos resultados –, a orientação e participação do professor pode ser mais ou menos intensa, levando em conta a familiarização do aluno com atividades de Modelagem Matemática.

## A FAMILIARIZAÇÃO DOS ESTUDANTES COM ATIVIDADES DE MODELAGEM MATEMÁTICA

Embora as discussões sobre a introdução de atividades de modelagem nas aulas de Matemática estejam centradas no planejamento do professor, se faz notório ponderar que atividades desse tipo também podem ser desafiadoras e não usuais para os estudantes.

Mover-se de um paradigma em que exposições do professor seguem-se de exercícios para o enfrentamento de situações, de modo geral, não idealizadas, representa um desafio também para os alunos. As práticas de sala de aula baseadas na realização de atividades investigativas, como é o caso das atividades de Modelagem Matemática, ao mesmo tempo em que requerem um novo comportamento diante dos problemas, envolvem professor e alunos com a própria definição de um problema.

Nesse sentido, a discussão que aqui abarcamos refere-se à postura do aluno diante de atividades de modelagem. O que é uma situação-problema? Qual é o problema que preciso resolver? O que preciso para resolver este problema? Como abordar este problema no âmbito da Matemática? Que matemática usar para resolver esse problema? Como chegar num modelo matemático? O modelo obtido é adequado para esta situação? Essas são questões que precisam de respostas quando se trata de atividades de modelagem e que, de modo geral, não são familiares aos alunos em aulas desprovidas de investigação.

Assim, ponderar que as atividades devem se configurar como um "convite" que vai se firmando e se confirmando no decorrer de experiências, parece razoável.

O uso da Modelagem Matemática como alternativa pedagógica na qual fazemos uma abordagem, por meio da Matemática, de uma situação-problema não essencialmente matemática é denotativo da necessidade de articulação entre definição, investigação e resolução. Avançar nessas três perspectivas simultaneamente é relevante em uma atividade de modelagem. Nesse sentido, conjecturamos que a familiarização do aluno com a modelagem pode ser realizada de forma gradativa, caracterizando diferentes "momentos":

- Em um primeiro momento, o professor coloca os alunos em contato com uma situação-problema, juntamente com os dados e as informações necessárias. A investigação do problema, a dedução, a análise e a utilização de um modelo matemático são acompanhadas pelo professor, de modo que ações como definição de variáveis e de hipóteses, a simplificação, a transição para linguagem matemática, obtenção e validação do modelo bem como o seu uso para a análise da situação, são em certa medida, orientadas e avalizadas pelo professor.
- Posteriormente, em um segundo momento, uma situação-problema é sugerida pelo professor aos alunos, e estes, divididos em grupos, complementam a coleta de informações para a investigação da situação e realizam a definição de variáveis e a formulação das hipóteses simplificadoras, a obtenção e validação do modelo matemático e seu uso para a análise da situação. O que muda, essencialmente, do primeiro momento para o segundo é a independência do estudante no que se refere à definição de procedimentos extramatemáticos e matemáticos adequados para a realização da investigação.
- Finalmente, no terceiro momento, os alunos, distribuídos em grupos, são responsáveis pela condução de uma atividade de modelagem, cabendo a eles a identificação de uma situação-problema, a coleta e análise dos dados, as transições de linguagem, a identificação de conceitos matemáticos, a obtenção e validação do modelo e seu uso para a análise da situação, bem como a comunicação desta investigação para a comunidade escolar.

Esse encaminhamento para a introdução de atividades de Modelagem Matemática em salas de aula com alunos ainda não familiarizados com esse tipo de atividade, embora não seja uma prescrição rigorosa, tem se mostrado adequado em inúmeras experiências realizadas. A principal argumentação subjacente a essa introdução "gradativa" de atividades de modelagem reside na possibilidade que o aluno tem de desenvolver a "habilidade de fazer modelagem".

Nesses termos, a orientação e a colaboração do professor, mais intensa no primeiro e segundo momentos, conferem ao aluno confiança, independência e autoridade para delimitar uma situação-problema e buscar, por meio da matemática, uma solução. Assim, a participação do aluno em relação ao desenvolvimento das diferentes fases da Modelagem Matemática, identificadas em seção anterior desta parte do livro, vai se intensificando e solidificando no decorrer desses diferentes momentos, passando o próprio aluno a responsabilizar-se por todas as fases no terceiro momento caracterizado.

Para concluir esta seção, é relevante reafirmar que, ainda que grande parte da literatura, especialmente brasileira, concentre esforços na formação do professor para a introdução da Modelagem Matemática é de extrema importância considerar a "formação" do aluno para essa atividade. Se é desejo que o aluno seja responsável por todas as ações nas diferentes fases da modelagem é preciso considerar o desenvolvimento das habilidades requeridas para estas ações em cada fase.

## NOTA

[1] Conjunto de agentes que pertencem a diferentes grupos sociais e determinam diferentes interesses que influenciam a definição dos conteúdos curriculares e características de sua transposição.

# POR QUE USAR MODELAGEM MATEMÁTICA NA AULA DE MATEMÁTICA?

Nas últimas décadas, muitos pesquisadores e professores têm defendido a incorporação de atividades de Modelagem Matemática nas aulas de Matemática. Diferentes hipóteses e argumentações subsidiam essa incorporação.

Levando em consideração esse contexto, já em 1993, Christine Keitel, na Alemanha, defendia que em atividades de Modelagem Matemática os alunos e/ou professores podem considerar diferentes interesses e procedimentos para a resolução do problema. Alinhados com essa argumentação, Kaiser e Sriraman (2006) sistematizaram o que denominaram de "perspectivas" para a Modelagem Matemática nas quais evidenciam diversos aspectos quanto ao objetivo central com que a atividade de modelagem é desenvolvida em contextos educativos. Os autores se referem a essas perspectivas como: realística, contextual, sociocrítica, epistemológica, cognitiva e educacional.

Na perspectiva realística, os autores consideram situações-problema autênticas retiradas da indústria ou de ambiente de trabalho, com o objetivo de desenvolver habilidades de resolução de problemas aplicados.

Na perspectiva contextual, consideram a inclusão de situações-problema nas aulas de Matemática com a finalidade de contextualizar ou mostrar aplicações dos conteúdos matemáticos levando em conta principalmente questões motivacionais. É um problema "de palavras", de interpretação de enunciados, em que obter um modelo matemático é uma atividade de resolução de problemas, previamente construída visando à utilização pelos alunos de situações significativas que os levem a construir e reconstruir ideias matemáticas.

Segundo os autores, a perspectiva sociocrítica se caracteriza frente ao poder formatador da Matemática na sociedade e a ideia de que a Educação Matemática deve preparar e capacitar os estudantes para exercer a cidadania de forma autônoma e intervir em debates baseados em Matemática por meio de sua reflexão sobre ela e sobre seu uso na sociedade.

Para a perspectiva epistemológica, os autores ponderam que o desenvolvimento das atividades de modelagem se refere ao contexto estritamente matemático e, portanto, tem como um de seus objetivos o desenvolvimento da Matemática enquanto teoria. Nesse sentido, as situações-problema são estruturadas para gerar o desenvolvimento de conceitos e propriedades matemáticas.

Já para a perspectiva educacional, os argumentos são de que a atividade de Modelagem Matemática tem como foco a integração de modelos matemáticos no ensino de Matemática, visando levar os alunos a investigar o *"porquê"* e o *"como"* dos modelos matemáticos, considerando suas potencialidades em relação ao problema, bem como sua importância para a aprendizagem da Matemática. Nessa perspectiva, é incumbência do professor analisar as dificuldades dos alunos no processo de modelagem, especialmente aquelas relacionadas com a matematização e a interpretação dos resultados e a aprendizagem dos conteúdos matemáticos curriculares.

A perspectiva educacional pode, ainda, ser tomada a partir de dois objetivos mais específicos: quando a atividade tem por fim desencadear a aprendizagem os autores afirmam que se trata da perspectiva educacional didática; já se o objetivo está relacionado à introdução e/ou sistematização de conceitos matemáticos, a perspectiva educacional é denominada conceitual.

Outra perspectiva, a cognitivista, tem como interesse principal compreender quais ações cognitivas estão envolvidas na atividade matemática dos alunos enquanto lidam com Modelagem Matemática. Em outras palavras, tal perspectiva se preocupa em analisar os processos cognitivos que ocorrem durante o desenvolvimento de atividades de modelagem.

A perspectiva cognitivista está intimamente relacionada à perspectiva educacional, sobretudo porque tem como uma de suas preocupações principais buscar compreender os processos cognitivos individuais dos alunos em modelagem, bem como identificar barreiras matemáticas, psicológicas e cognitivas relacionadas com a aprendizagem via modelagem.

Conhecer as diferentes perspectivas e refletir sobre os aspectos que são postos em maior evidência em cada uma delas é potencializar a prática de modelagem em sala de aula, uma vez que os professores podem trabalhar com atividades de modelagem de modo a tornar presentes as diferentes perspectivas e, consequentemente, os diferentes aspectos inerentes às atividades de modelagem.

Uma análise dessas perspectivas parece sinalizar que é possível que uma mesma atividade de modelagem contemple mais de uma alternativa simultaneamente. Todavia, a definição da perspectiva para cada situação está vinculada a propósitos e interesses subjacentes à implementação de atividades de modelagem nas aulas e traz implicações para a forma como o professor conduz o desenvolvimento das atividades visando atender a interesses e/ou necessidades em situações de ensino e aprendizagem particulares.

As nossas reflexões para tratar do "porquê" usar modelagem visam abarcar contribuições para a aprendizagem dos alunos, advindas de seu envolvimento com atividades de modelagem quando as perspectivas são a educacional didática, a educacional conceitual, a cognitivista e mesmo a sociocrítica.

O desenvolvimento de atividades de modelagem segundo estas perspectivas está, neste livro, ancorado, por um lado, na possibilidade de ensinar e aprender Matemática e perceber suas aplicações para a resolução de problemas com que o aluno se depara fora da escola. Por outro lado, a escolha por essas perspectivas diz respeito às potencialidades que se percebe na Modelagem Matemática para o ensino e a aprendizagem de alguns conteúdos.

Nesse sentido, tratamos de alguns aspectos que o desenvolvimento da Modelagem Matemática nas aulas de Matemática, especialmente na educação básica, pode favorecer: a ativação de aspectos motivacionais e relações com a vida fora da escola ou com as aplicações da Matemática; a viabilização ou a solicitação do uso do computador nas aulas de Matemática; a realização de trabalhos cooperativos; o desenvolvimento do conhecimento crítico e reflexivo; o uso de diferentes registros de representação; a ocorrência de aprendizagem significativa.

## ASPECTOS MOTIVACIONAIS E RELAÇÕES COM A VIDA FORA DA ESCOLA OU COM AS APLICAÇÕES DA MATEMÁTICA

Uma hipótese subjacente à proposta de Modelagem na Educação Matemática é que a abordagem de questões reais, oriundas do âmbito de interesses dos alunos, pode motivar e apoiar a compreensão de métodos e conteúdos da matemática escolar, contribuindo para a construção de conhecimentos bem como pode servir para mostrar aplicações da Matemática em outras áreas de conhecimento.

Uma justificativa importante para a visualização da aplicação dos conceitos diz respeito aos aspectos motivacionais. Esse é, provavelmente, um dos aspectos mais evocados na literatura para justificar a inclusão de atividades de Modelagem Matemática na prática escolar, ancorando-se em argumentos que defendem que situações de ensino que proporcionam ao aluno contato com o contexto real podem motivá-los para o envolvimento nas atividades e para a construção de conhecimento. Para Lachini (2001), a maneira mais eficaz de lidar com tradições arraigadas, como é, por exemplo, o insucesso de muitos alunos em Matemática, é levar em consideração as relações pessoais cotidianas em que os sujeitos transitam. Isto nos leva a pensar que uma motivação contextualizada com o curso ou com a vida real cria nos alunos uma afetividade com a disciplina e o desejo de aprender. É impossível ensinar o desejo, no entanto, segundo Charlot (2000), uma motivação, agente externo, pode causar uma mobilização interna e essa desencadeia o desejo de aprender.

Assim, uma estratégia para o sucesso das aulas de Matemática parece advir da aplicabilidade dos conceitos matemáticos. Nesse contexto, Matos (2003) argumenta que a Matemática enquanto ciência parece desenvolver-se, fundamentalmente, a partir de problemas postos dentro da própria Matemática, processando-se, assim, uma evolução interna. No entanto, a relação que existe entre a Matemática e o mundo físico tem constituído também uma fonte inesgotável de problemas para os próprios matemáticos que os têm inspirado e dado lugar ao desenvolvimento de novas teorias matemáticas. Introduzir esses problemas nas aulas é a perspectiva em que estamos interessados em abordar. Nesse sentido, Gómez-Grannell (1998) coloca que "o reconhecimento do uso das aplicações sociais da Matemática não significa brincar de vender e comprar na sala de aula, mas buscar formas de vincular o conhecimento matemático aos seus usos científicos e sociais é essencial para dotar de sentido a atividade matemática na sala de aula".

Não defendemos aqui a ideia "utilitarista" da Matemática, mas somos favoráveis à ideia de que relações entre conhecimento científico e conhecimento escolar precisam se estabelecer nas aulas de Matemática. Essas relações, de forma geral, não são facilmente percebidas pelos alunos. Essa dificuldade conduz a situações como aquela em que o aluno compreende com clareza que o efeito de um medicamento no organismo vai diminuindo no decorrer do tempo e tende mesmo a desaparecer, no entanto, o aluno não associa esse fato ao conceito de uma função decrescente apresentada pelo professor.

A questão motivacional e as relações entre matemática e realidade mediadas pela Modelagem Matemática parecem então estar interligadas de modo que, por um lado, atribuir sentido e construir significados em Matemática demandam situações de ensino e aprendizagem que induzam relações entre a Matemática e a vida dos alunos fora da escola; por outro lado, as atividades de Modelagem Matemática podem favorecer a aproximação da matemática escolar com problemas extraescolares vivenciados pelos alunos.

## O USO DO COMPUTADOR NAS AULAS DE MATEMÁTICA

Outro aspecto relevante para a aprendizagem em matemática e que pode motivar os estudantes diz respeito à incorporação do uso do computador nas aulas. Atividades de Modelagem Matemática são requerentes, por excelência, dessa incorporação.

No entanto, há de se considerar que o uso das mídias informáticas, como é o caso do computador, não garante a aprendizagem e, na verdade, "está longe de ser suficiente para garantir transformações qualitativas na prática pedagógica" (Pais, 2005: 10). Em confluência com o autor, argumentamos que a disponibilidade física dos recursos tecnológicos no meio escolar por si só não representa nenhuma garantia de transformações significativas na educação. Por isso, ao se propor o uso do computador ou de um software educacional em atividades de ensino e aprendizagem, é preciso considerar que essa mídia, qualitativamente diferente, embora contribua para modificar práticas de ensino vigentes, precisa ser investigada no sentido de compreender o papel desse recurso nos ambientes em que se insere e quais suas relações com o aluno e sua aprendizagem (Allevato, 2005).

Não se pode ignorar que o uso do computador para ensinar e/ou aprender Matemática requer conhecimento, uma vez que é preciso saber o que, exatamente, se deseja que o computador faça. Assim, a Matemática requerida nas aulas com modelagem e computador pode ser diferente daquela usada na ausência desses elementos.

A dinamicidade de inúmeros softwares livres, hoje disponíveis no mercado, pode auxiliar alunos e professor na construção de gráficos e na observação da influência dos parâmetros bem como na realização de cálculos. Nesse sentido, a possibilidade de experimentar, de visualizar e de coordenar de forma dinâmica as representações algébricas, gráficas e tabulares, são vantagens da interação de atividades de modelagem com as mídias informáticas.

Em termos gerais, o uso de tecnologias informáticas na Modelagem Matemática vem ancorado em algumas justificativas importantes:

a) possibilita lidar com situações-problema mais complexas e fazer uso de dados reais, ainda que estes sejam em grande quantidade ou assumam valores muito grandes;
b) permite que a maior parte dos esforços se concentre nas ações cognitivas associadas ao desenvolvimento da atividade de modelagem, considerando que a realização de cálculos, aproximações e representações gráficas é mediada pelo uso do computador;
c) possibilita lidar com as situações-problema por meio de simulações numéricas ou gráficas, variando a parâmetros nas representações gráficas e (ou) algébricas.

Enquanto alternativa pedagógica para o ensino e a aprendizagem a modelagem mediada pelo uso de computadores tem o compromisso de promover a aproximação e a interação dos fatos da realidade com o conteúdo acadêmico. Isso pode influenciar de forma positiva a disposição do aluno em aprender considerando que permite criar situações que atuam como uma "ponte" entre o conhecimento teórico e a realidade ou entre o conhecimento teórico e situações do cotidiano dos estudantes.

## A REALIZAÇÃO DE TRABALHOS COOPERATIVOS

Anne Reynolds e Grayson H. Wheatley, professores na área de Matemática na Austrália, já defendiam em 1992 que aprender Matemática é construir relações matemáticas, negociar os significados matemáticos com os outros e refletir sobre a sua própria atividade matemática.

A interação é um elemento essencial à vida dos seres humanos em comunidades. No contexto educativo, as interações ganham importância especial uma vez que "ensinar" e "aprender" são atos eminentemente comunicativos e interativos. Diversos autores, entre eles Ole Skovsmose, vêm tratando da importância dessas interações, ponderando que aprender é uma experiência pessoal, mas que se dá em contextos sociais e cercados de relações interpessoais. Em consequência disso, a aprendizagem depende em grande medida desses contatos nas relações interpessoais que acontecem durante a comunicação entre os participantes.

Assim, ainda que o foco do nosso livro não seja uma discussão mais aprofundada sobre a influência dos aspectos sociais na aprendizagem, levando em consideração essa visão da aprendizagem da Matemática, fortalecemos a nossa concepção de que a interação social tem um lugar importante na construção do conhecimento.

As interações podem ser entendidas como ações que indivíduos exercem sobre outros sem que haja, necessariamente, finalidade de transferir informação, mas sim de estabelecer uma relação, um entendimento entre pessoas.

Em contextos de sala de aula, a qualidade da comunicação depende, em grande medida, da forma como as situações de ensino e aprendizagem são organizadas, da maior ou menor necessidade de interações para subsidiar ações do professor, dos alunos e de relações que se estabelecem entre esses e com a comunidade. Nesse sentido, podemos considerar que a qualidade das interações está relacionada com as atividades desenvolvidas pelos indivíduos em diferentes circunstâncias.

Nesse contexto, a Modelagem Matemática em sala de aula pode ser vista como uma atividade essencialmente cooperativa, em que a cooperação e a interação entre os alunos e entre professor e aluno têm um papel importante na construção do conhecimento. Por outro lado, a relação com a sociedade também pode ser fortemente estimulada, uma vez que o problema investigado pelo aluno tem nela a sua origem.

Quando os alunos trabalham juntos com o mesmo objetivo e produzem um produto ou solução final comum, têm a possibilidade de discutir os méritos das diferentes estratégias para resolver um mesmo problema e isso pode contribuir significativamente para a aprendizagem dos conceitos envolvidos.

## O DESENVOLVIMENTO DO CONHECIMENTO CRÍTICO E REFLEXIVO

O desenvolvimento da capacidade de interpretar e agir numa situação social e política estruturada pela Matemática está relacionado com uma dimensão do conhecimento chamada por Ole Skovsmose de conhecimento reflexivo. Para o autor, esse conhecimento, como uma lente a ampliar e refinar a visão, tem importante papel no desenvolvimento da compreensão que ajuda a aclarar visão de mundo, possibilitando ao indivíduo "enxergar-se" em seu contexto social.

Skovsmose (2001) ressalta a importância do conhecimento reflexivo como passaporte necessário para a interpretação e discussão dos modelos matemáticos que, em plena atividade na sociedade, estão influenciando decisões e atitudes. Tais modelos são constituídos pela interação entre os conhecimentos matemático e tecnológico, que por si só são míopes, isto é, são incapazes de prever os efeitos sociais e políticos da implantação de um determinado modelo. Assim, se pretendemos uma abordagem crítica, a fim de discutir a natureza de um modelo, suas implicações sociais e desenvolver habilidades para avaliar o uso deste modelo, um modo de fazê-lo é por meio do conhecimento reflexivo.

Assim, o conhecimento reflexivo tem potencial para suscitar interpretações para os modelos em relação às situações a que estão associados e pode orientar como agir numa situação estruturada pela matemática.

No entanto, o conhecimento reflexivo precisa estar respaldado no conhecimento matemático; esse fato aponta para a necessidade de domínio de competências matemáticas como parte do processo de compreensão da sociedade mergulhada em tecnologia como a que nos cerca.

É justamente esse o argumento que fundamenta a perspectiva sociocrítica da Modelagem Matemática que já abordamos em seção anterior. Ou seja, a ela subjaz o reconhecimento de que atividades de modelagem podem estimular situações em que os alunos discutem a natureza e o papel dos modelos matemáticos na sociedade.

Atividades de Modelagem Matemática sob essa perspectiva podem possibilitar ao aluno, além da aprendizagem de conteúdos, reflexões, reações e/ou ações acerca da situação que está sendo investigada e daí emerge a não neutralidade dos modelos matemáticos desenvolvidos na sala de aula.

## O USO DE DIFERENTES REGISTROS
## DE REPRESENTAÇÃO

Diversas pesquisas no âmbito da Educação Matemática têm se dedicado ao estudo da importância do uso de diferentes representações dos objetos matemáticos.

De modo geral, em Matemática, aspectos ligados à representação têm grande importância de modo que Damm (1999) defende que "[...] não existe conhecimento matemático que possa ser mobilizado por uma pessoa, sem o auxílio de uma representação" (p. 137).

A complexidade dos fatores relacionados às formas de representação tem sido o foco de atenção de muitos pesquisadores na área de Educação Matemática como Juan Godino e Vicent Font, entre outros. A principal justificativa para isso decorre do fato de que falar de representação equivale a falar de conhecimento, significado, compreensão uma vez que se pode considerar que a compreensão de um objeto matemático está diretamente relacionada com a identificação das diferentes representações que lhe são associadas.

Segundo Font et al. (2005), compreender um objeto matemático consiste em reconhecer suas propriedades e representações características, relacioná-lo com outros objetos matemáticos e usá-lo em situações problemáticas que lhe são propostas na sala de aula ou fora dela.

Representações matemáticas são ferramentas que viabilizam o contato com os conceitos matemáticos e, por meio destes, o sujeito interage com o conhecimento matemático. Nesse contexto, a representação "torna algo presente" e este "algo" é substituído pela representação.

A teoria dos Registros de Representação Semiótica de Raymond Duval, tendo como foco essa pluralidade de representações em Matemática, trata de um conjunto de argumentos que defendem que a diversificação de representações de um mesmo objeto é essencial para a compreensão dos conceitos. Assim, trata-se de uma teoria de aprendizagem em Matemática que leva em consideração o uso que os alunos fazem dos diferentes sistemas de representação e a influência que este uso exerce sobre a aprendizagem.

Para designar os diferentes tipos de representação semiótica (língua natural, gráficos, figuras, equações algébricas, entre outras), Duval introduz o termo "registros de representação semiótica". Assim, podemos falar em registro algébrico, registro gráfico etc. No entanto, para que um sistema de signos constitua um registro de representação semiótica três condições são essenciais: a) a representação precisa ser identificável, isto é, é preciso reconhecer na representação o que ela representa; b) o *tratamento* que consiste em transformações internas ao registro, transformações em que se tem como registro de partida e registro de chegada um mesmo registro; simplificar uma fração é exemplo de *tratamento* de um registro de representação; c) a *conversão* que implica transformar um registro de representação de um objeto matemático em outro; a conversão é uma transformação externa ao registro de partida, ou seja, são transformações em que o registro de partida difere do registro de chegada; associar à equação $y=x^2$ o gráfico de uma parábola é um exemplo de conversão. Nesse exemplo, percebe-se que, embora ambos os registros refiram-se ao mesmo conceito matemático (função polinomial do segundo grau), eles não representam o objeto matemático em sua totalidade, mas sim parcialmente. Por isso, a conversão entre registros é uma atividade cognitiva diferente do tratamento. Essa atividade de transformação representacional é fundamental, pois é ela que conduz a mecanismos subjacentes à compreensão, já que leva o aluno a refletir sobre diferentes características de um objeto matemático associadas às diferentes representações. Tal atividade contribui para que o aluno diferencie o que é o objeto matemático e o que é a representação que torna esse objeto acessível.

A coordenação de registros, por sua vez, consiste na atividade de mobilizar, simultaneamente, dois ou mais registros associados a um mesmo objeto matemático, identificando características do objeto em cada um dos registros. É possível perceber que os diferentes registros podem mesmo se complementar no sentido de que um pode expressar características ou propriedades do objeto que não se manifestam claramente em outro. Um exemplo simples diz respeito à identificação de um ponto de máximo (ou de mínimo) em uma função quadrática a fim de responder a um problema. A visualização da existência desse ponto fica bem mais evidente no registro gráfico do que na expressão algébrica associada à função; por outro lado, determinar o valor exato desse ponto requer o uso de representação algébrica.

De modo geral, a coordenação dos registros não é uma atividade espontânea. Os estudantes podem realizar diversas conversões sem ter, no entanto, relações entre os diferentes registros fortemente estabelecidas em sua mente. Essas relações podem se fortalecer na estrutura cognitiva do aluno por meio da atividade de coordenação. Encontrar formas de envolver o aluno com a coordenação de registros é, portanto, procedimento importante nas aulas de Matemática.

É nesse contexto que temos percebido o potencial das atividades de Modelagem Matemática no que diz respeito à investigação sobre a compreensão de objetos matemáticos que se fazem presentes nas situações de modelagem a partir da coordenação entre os diferentes registros de representação associados aos objetos.

As atividades de Modelagem Matemática são inerentes às experiências sociais e às reflexões que fazemos de tais experiências. Nesse sentido, os conhecimentos matemáticos advindos da prática de modelagem são desenvolvidos e organizados em torno da experiência e das abstrações realizadas pelos alunos. A construção desses conhecimentos está ancorada em uma variedade de representações semióticas que incorporam características do objeto matemático representado, objeto matemático este que, enquanto ideia, só se torna acessível e comunicável por meio dessa representação.

Decorre daí a importância da introdução de atividades de Modelagem Matemática nas aulas de Matemática: a coordenação de diferentes registros de representação é importante para a aprendizagem e atividades de Modelagem Matemática têm potencial para a produção e coordenação dessas diferentes representações.

# A OCORRÊNCIA DE APRENDIZAGEM SIGNIFICATIVA

Ainda que falar em aprendizagem significativa faça parte do discurso de muitos professores e/ou pesquisadores, o termo "aprendizagem significativa" tem origem e maior significado na Teoria de David Ausubel, psicólogo norte-americano que viveu entre 1918 e 2008 e publicou diversos trabalhos tratando da aprendizagem.

Uma das principais argumentações de Ausubel em sua teoria é a de que para ocorrer nova aprendizagem, é necessário partir daquilo que o aluno já sabe. Aquilo que o aluno já sabe ou deveria saber em cada nova situação de aprendizagem é caracterizado pelo autor como "subsunçores" e a literatura, em geral, refere-se a eles como "conhecimentos prévios".

Diferenciando a aprendizagem significativa de outras, o autor afirma que

> [...] a aprendizagem significativa ocorre quando a tarefa de aprendizagem implica relacionar, de forma não arbitrária e substantiva (não literal), uma nova informação a outras com as quais o aluno já esteja familiarizado, e quando o aluno adota uma estratégia correspondente para assim proceder. A aprendizagem automática, por sua vez, ocorre se a tarefa consistir em associações puramente arbitrárias, como na associação de pares, quebra-cabeça, labirinto, ou aprendizagem em séries e quando falta ao aluno o conhecimento prévio relevante necessário para tornar a tarefa potencialmente significativa, e também (independente do potencial significativo contido na tarefa) se o aluno adota uma estratégia apenas para internalizá-la de uma forma arbitrária, literal (por exemplo, como uma série arbitrária de palavras). (Ausubel et al., 1980: 23).

Com base na teoria de David Ausubel, podemos afirmar que a "aprendizagem significativa" dos estudantes sofre influência de diversos fatores. Entre eles podemos citar o material de ensino, a condição de que existam conhecimentos prévios relevantes e uma estrutura cognitiva organizada capaz de relacionar adequadamente a nova informação de tal forma que os significados produzidos individualmente sejam os reconhecidos como corretos. Outra condição igualmente importante para que a aprendizagem seja significativa é a predisposição positiva do aluno para aprender, o que não depende de sua estrutura cognitiva, mas sim de fatores motivacionais e características do ambiente de ensino e aprendizagem.

Em resumo, a teoria de Ausubel indica como condições básicas para que o ensino conduza a uma aprendizagem significativa:

a) o material organizado para o ensino deve ser potencialmente significativo;

b) a estrutura cognitiva do aluno deve dispor de conhecimentos prévios que permitam relacionar o que o aluno já sabe com os novos conhecimentos;

c) o aluno deve apresentar uma predisposição positiva para aprender de maneira significativa, ou seja, para relacionar o conhecimento que já tem com o que deve aprender.

Nesse sentido, é importante estruturar situações didáticas que sejam capazes de considerar esses fatores. Diversos projetos de ensino e trabalhos de pesquisa desenvolvidos na área de Educação Matemática já sinalizam que características de atividades de Modelagem Matemática podem contribuir para que os fatores elencados por Ausubel sejam ativados durante seu desenvolvimento.

A partir de resultados desses projetos e trabalhos podemos argumentar que, ainda que a motivação para a aprendizagem seja idiossincrática, isto é, uma atividade de aprendizagem altamente estimulante para um estudante pode passar despercebida por outro, a Modelagem Matemática exerce alguma influência sobre a motivação dos estudantes. De modo geral, as pesquisas revelam que a predisposição para aprender dos alunos, mesmo quando inicialmente ausente, emergiu durante o desenvolvimento das atividades.

Outro aspecto relevante diz respeito às interações proporcionadas pelos grupos de alunos em atividades de modelagem. Nesse sentido, ainda que aprendizagem não seja uma atividade que se possa compartilhar, pois é algo de responsabilidade de cada um, o que pode ser compartilhado, discutido e negociado, são os significados. Assim, as atividades compartilhadas podem contribuir com a aprendizagem de cada participante de forma diferenciada, mas têm uma importante função social de promover um espaço para discussões e troca de significados. O trabalho com modelagem em situações de ensino proporciona uma atmosfera propícia para essa troca de significados.

Atividades de Modelagem Matemática implicam a resolução de situações-problema, que, de modo geral, não são resolvidas por meio de procedimentos predefinidos e cujas soluções não são previamente conhecidas. Assim, a resolução correta de um problema, a aplicação correta de um método de resolução, são alguns indícios de que ocorre a interação entre o novo conhecimento e a estrutura cognitiva do aluno. Nesses termos também está sinalizada a aprendizagem significativa.

Perante o desafio da introdução da Modelagem Matemática nas aulas de Matemática, promover a aprendizagem significativa dos estudantes também é uma meta vislumbrada.

# PARTE II

# ALGUNS PROBLEMAS – ALGUMAS SOLUÇÕES

A nossa intenção com esta segunda parte do livro é apresentar aos leitores algumas atividades que já foram desenvolvidas pelos autores ou seus alunos em um contexto de ensino e aprendizagem.

Descrevemos, portanto, atividades em que as diferentes fases da Modelagem Matemática que enunciamos na Parte I foram desenvolvidas pelos alunos e/ou professores responsáveis pela atividade, correspondendo para eles ao terceiro momento da Modelagem Matemática no que se refere à familiarização dos alunos com a modelagem.

Por conseguinte, essas atividades incorporam as hipóteses, as simplificações e as formulações matemáticas de seus autores, ou seja, dos "modeladores" responsáveis pela atividade.

Já para os professores e alunos leitores, considerando a familiarização dos alunos que propusemos na Parte I, essas atividades podem servir de apoio para professores no primeiro e/ou segundo momentos de familiarização de seus alunos. Ou seja, as situações-problema investigadas nessas atividades podem ser úteis para despertar em outros alunos o interesse pela modelagem, bem como oportunizar-lhes o desenvolvimento de habilidades para a matematização e a interpretações de soluções para problemas não matemáticos.

Na descrição das atividades, além de tratar das fases da Modelagem Matemática culminando com a indicação de uma solução para a situação investigada, são apresentadas, ainda que de forma abreviada, algumas considerações sobre conceitos matemáticos relevantes em cada atividade e também algumas indicações sobre encaminhamentos que o professor pode realizar na sala de aula.

Vale acenar que alguns dos conceitos matemáticos talvez não sejam aqueles que constam regularmente nos programas ou currículos das diferentes séries da educação básica. Esse é o caso, por exemplo, do uso de recorrência matemática, função maior inteiro e da construção de funções assintóticas.

Nesse sentido, é interessante observar que a introdução da Modelagem Matemática nas aulas de Matemática pode mesmo levar a conteúdos e procedimentos para além do que a estrutura curricular estabelece, proporcionando ao aluno oportunidade de fazer previsões para os fenômenos em estudo.

As atividades tratam de temas variados, e os dados e/ou informações foram obtidos ou construídos de diferentes maneiras. Em algumas atividades, a partir de um interesse inicial, os dados foram produzidos pelos próprios modeladores, como é o caso da atividade que trata do estouro de pipocas de micro-ondas. Já em outras atividades setores do comércio da cidade forneceram as informações como é o caso de custos de cerca elétrica. Em outras atividades ainda, foi de páginas da internet que as informações necessárias foram obtidas, como é o caso da atividade que trata da reciclagem de garrafas pet.

No final da descrição de cada atividade, é apresentado um esquema sinalizando como as diferentes fases da modelagem se caracterizam na atividade.

Com essa configuração, a Parte II do livro vislumbra apontar possibilidades que o professor pode considerar para o uso da Modelagem Matemática na sala de aula fundamentado em aspectos sobre o que é modelagem, como conduzir atividades de modelagem, com que finalidade introduzir essas atividades abordadas na Parte I, não perdendo de vista as contribuições que essa introdução pode trazer para a formação matemática dos estudantes.

# NA HORA DE APAGAR A LUZ

Uma das invenções importantes da humanidade diz respeito à iluminação. A partir da construção da primeira lâmpada incandescente, realizada por Thomas Edison em 1879, muitas inovações surgiram até chegar às lâmpadas eletrônicas hoje em uso.

O modelo mais usado atualmente, tanto por sua eficiência luminosa quanto por sua durabilidade, é a lâmpada fluorescente. Ela contém, essencialmente, cinco elementos: vidro, alumínio, tinta (para a luminosidade branca), fósforo e mercúrio.

O mercúrio metálico, presente na lâmpada na forma gasosa, é uma substância tóxica aos seres humanos e ao meio ambiente. Se lançadas em aterros, as lâmpadas contaminam o solo, os recursos hídricos, a fauna e a flora locais, chegando à cadeia alimentar. Se manuseadas ou descartadas de forma incorreta, as lâmpadas podem quebrar e liberar vapor de mercúrio – cerca de 20 miligramas por lâmpada.

Considerando essa problemática, aliado ao modo como as lâmpadas em desuso são descartadas em uma instituição pública, um grupo de alunos[1], motivados por uma matéria de um jornal local, resolveu investir nesse tema para a aula de Matemática.

Segundo a matéria do jornal, cerca de 3 mil lâmpadas fluorescentes estavam acomodadas em depósito com risco de quebrar e liberar mercúrio para o ambiente. Além disso, cerca de 420 lâmpadas seriam encaminhadas a esse depósito todo mês.

Diante desse contexto, considerando que as 3 mil lâmpadas quebram e que as 420 mensais encaminhadas ao depósito também sofrem danos e liberam o mercúrio acumulado em seu interior, é possível estimar a quantidade de mercúrio no meio ambiente no local.

Segundo a Comissão Nacional de Energia Nuclear (CNEN), o mercúrio, assim como os demais elementos químicos, se transmuta a uma velocidade que lhe é característica. Meia-vida é o tempo necessário para que a quantidade inicial de um elemento químico radioativo decaia para a metade. A meia-vida do mercúrio é de, aproximadamente, dois meses.

De modo geral, considerando uma quantidade $Q'_0$ de mercúrio no ambiente e a meia-vida de dois meses, podemos determinar a quantidade $Q'_n$ de mercúrio remanescente a cada período de dois meses.

Assim, dado $Q'_0$, a quantidade inicial e $n$ um número natural par, usando um processo recursivo, podemos escrever:

$$Q_2^{'} = \frac{1}{2} Q_0^{'}$$

$$Q_4^{'} = \frac{1}{2} Q_2^{'} = \frac{1}{2} \left( \frac{1}{2} Q_0^{'} \right) = \left( \frac{1}{2} \right)^2 Q_0^{'}$$

$$Q_6^{'} = \frac{1}{2} Q_4^{'} = \frac{1}{2} \left( \left( \frac{1}{2} \right)^2 Q_0^{'} \right) = \left( \frac{1}{2} \right)^3 Q_0^{'}$$

$$Q_8^{'} = \frac{1}{2} Q_6^{'} = \frac{1}{2} \left( \left( \frac{1}{2} \right)^3 Q_0^{'} \right) = \left( \frac{1}{2} \right)^4 Q_0^{'}$$

$$\vdots$$

Assim, usando recorrência para um tempo $n$ qualquer de meses podemos escrever:

$$Q_n^{'} = \frac{1}{2} Q_{n-2}^{'} = \frac{1}{2} \left( \frac{1}{2} \right)^{\frac{n-2}{2}} Q_0^{'} = \frac{1}{2} \left( \frac{1}{2} \right)^{\frac{n}{2}-1} Q_0^{'} = \left( \frac{1}{2} \right)^{\frac{n}{2}} Q_0^{'}$$

Ou seja,

$$Q_n^{'} = \left( \frac{1}{2} \right)^{\frac{n}{2}} Q_0^{'} \tag{1}$$

onde $n$ é o tempo e $Q_n^{'}$ é a quantidade de mercúrio restante no tempo $n$.

---

### MÉTODO DA INDUÇÃO (OU RECORRÊNCIA)

O Princípio da Indução serve de base para demonstrações sobre números naturais fundamentadas no método conhecido como de indução ou recorrência. O método afirma que: "se uma propriedade P é válida para o número 1 e se, supondo P válida para o número natural $n$ daí resultar que P é válida também para n+1, então P é válida para todos os números naturais".

Uma definição onde o item a ser definido aparece como parte da definição é chamada de definição recorrente ou definição por recorrência.

Assim, uma equação tem caráter recursivo (ou de recorrência) quando é definida em termos dela própria, ou seja, quando a solução para um determinado valor de $n$ implica ter que calcular as soluções de todos os valores anteriores a esse $n$.

---

Retomando a situação do mercúrio exposto ao ambiente em decorrência da quebra das lâmpadas, consideramos as seguintes informações:

- No instante inicial existem 3000 lâmpadas danificadas, ou seja, 60000 mg de mercúrio;
- A cada mês 420 novas lâmpadas são acomodadas e danificadas no local, o que equivale a 8400mg de mercúrio;
- A meia-vida do mercúrio é de dois meses.

A partir dessas informações e da expressão (1), associada ao decaimento da quantidade de mercúrio no ambiente, usando um processo recursivo, podemos construir um modelo matemático que descreve a quantidade de mercúrio $Q_n$ remanescente no ambiente no tempo $n$, fazendo:

Para $n=0$, $Q_0 = 60000$

Para $n=1$, $Q_1 = \left(\dfrac{1}{2}\right)^{\frac{1}{2}} \cdot Q_0 + 8400$, ou seja, $Q_1 = \left(\dfrac{1}{2}\right)^{\frac{1}{2}} \underbrace{60000}_{\text{referente a n=0}} + \underbrace{8400}_{\text{novas lâmpadas}}$

Para $n=2$, $Q_2 = \left(\dfrac{1}{2}\right)^{\frac{1}{2}} Q_1 + \underbrace{8400}_{\text{novas lâmpadas}}$

$$Q_2 = \left(\dfrac{1}{2}\right)^{\frac{1}{2}} \underbrace{\left[\left(\dfrac{1}{2}\right)^{\frac{1}{2}} 60000 + 8400\right]}_{\text{referente a n=1}} + \underbrace{8400}_{\text{novas lâmpadas}} = \left(\dfrac{1}{2}\right) 60000 + \left(\dfrac{1}{2}\right)^{\frac{1}{2}} 8400 + 8400$$

Para $n=3$, $Q_3 = \left(\dfrac{1}{2}\right)^{\frac{1}{2}} Q_2 + \underbrace{8400}_{\text{novas lâmpadas}}$

$$Q_3 = \left(\dfrac{1}{2}\right)^{\frac{1}{2}} \underbrace{\left[\left(\dfrac{1}{2}\right)^{\frac{2}{2}} 60000 + \left(\dfrac{1}{2}\right)^{\frac{1}{2}} 8400 + 8400\right]}_{\text{referente a n=2}} + \underbrace{8400}_{\text{novas lâmpadas}}$$

$$Q_3 = \left(\dfrac{1}{2}\right)^{\frac{3}{2}} 60000 + \left(\dfrac{1}{2}\right)^{\frac{2}{2}} 8400 + \left(\dfrac{1}{2}\right)^{\frac{1}{2}} 8400 + 8400$$

$$\vdots$$

Portanto, para um tempo $n$ qualquer a quantidade de mercúrio é dada por:

$$Q_n = \left(\dfrac{1}{2}\right)^{\frac{n}{2}} Q_{n-1} + 8400$$

$$Q_n = \left(\dfrac{1}{2}\right)^{\frac{n}{2}} 60000 + \left(\dfrac{1}{2}\right)^{\frac{n-1}{2}} 8400 + \left(\dfrac{1}{2}\right)^{\frac{n-2}{2}} 8400 + \ldots + \left(\dfrac{1}{2}\right)^{\frac{2}{2}} 8400 + \left(\dfrac{1}{2}\right)^{\frac{1}{2}} 8400 + 8400$$

Ou ainda,

$$Q_n = \left(\dfrac{1}{2}\right)^{\frac{n}{2}} 60000 + \underbrace{\left(\dfrac{1}{2}\right)^{\frac{n-1}{2}} 8400 + \left(\dfrac{1}{2}\right)^{\frac{n-2}{2}} 8400 + \ldots + \left(\dfrac{1}{2}\right)^{\frac{n-(n-2)}{2}} 8400 + \left(\dfrac{1}{2}\right)^{\frac{n-(n-1)}{2}} 8400 + \left(\dfrac{1}{2}\right)^{\frac{n-n}{2}} 8400}_{I} \qquad (2)$$

Na parte (I) da expressão (2) é possível colocar $\left(\dfrac{1}{2}\right)^{\frac{n}{2}} 8400$ em evidência, tal como segue:

$$Q_n = \left(\dfrac{1}{2}\right)^{\frac{n}{2}} 60000 + \left(\dfrac{1}{2}\right)^{\frac{n}{2}} 8400 \cdot \left[\left(\dfrac{1}{2}\right)^{\frac{-1}{2}} + \left(\dfrac{1}{2}\right)^{\frac{-2}{2}} + \ldots + \left(\dfrac{1}{2}\right)^{\frac{-(n-2)}{2}} + \left(\dfrac{1}{2}\right)^{\frac{-(n-1)}{2}} + \left(\dfrac{1}{2}\right)^{\frac{-n}{2}}\right]$$

$$Q_n = \left(\dfrac{1}{2}\right)^{\frac{n}{2}} 60000 + \left(\dfrac{1}{2}\right)^{\frac{n}{2}} 8400 \cdot \left[(2)^{\frac{1}{2}} + (2)^{\frac{2}{2}} + \ldots + (2)^{\frac{(n-2)}{2}} + (2)^{\frac{(n-1)}{2}} + (2)^{\frac{n}{2}}\right]$$

$$Q_n = \left(\dfrac{1}{2}\right)^{\frac{n}{2}} 60000 + \left(\dfrac{1}{2}\right)^{\frac{n}{2}} 8400 \cdot \underbrace{\left[\sqrt{2} + 2 + 2\sqrt{2} + 4 + \ldots + \sqrt{2^{n-2}} + \sqrt{2^{n-1}} + \sqrt{2^n}\right]}_{A} \qquad (3)$$

A parte (A) da expressão (3) corresponde à soma dos termos de uma progressão geométrica (PG) de razão $q = \sqrt{2}$.

## SOMA DE PROGRESSÃO GEOMÉTRICA FINITA

Comumente identificada pela sigla PG, progressão geométrica é o nome dado à sequência de termos em que cada um deles é obtido, a partir do segundo, multiplicando-se o anterior por uma constante q, chamada razão da PG. Logo, para a sequência $(a_1, a_2, a_3, a_4, a_5, ..., a_{n-1}, a_n)$ valem as relações:

$$a_2 = a_1 . q$$
$$a_3 = a_2 . q = (a_1 . q) . q = a_1 . q^2$$
$$a_4 = a_3 . q = (a_1 . q^2) . q = a_1 . q^3$$
$$\vdots$$
$$a_n = a_1 . q^{n-1}$$

Para somar os $n$ termos de uma progressão geométrica finita podemos proceder do seguinte modo:

Consideramos a PG finita
$$(a_1, a_2, a_3, a_4, a_5, \cdots, a_{n-1}, a_n)$$
em que a razão q é diferente de zero e diferente de um ( $q \neq 0$ e $q \neq 1$ ). A soma dos termos desta PG corresponde a

$$S_n = a_1 + a_2 + a_3 + a_4 + a_5 + \cdots + a_{n-1} + a_n \tag{A}$$

Multiplicando ambos os membros da igualdade da expressão (A) pela razão q da PG, obtemos:

$$q\ S_n = q\ (a_1 + a_2 + a_3 + a_4 + a_5 + \cdots + a_{n-1} + a_n)$$

$$q\ S_n = \underbrace{a_1\ q}_{a_2} + \underbrace{a_2\ q}_{a_3} + \underbrace{a_3\ q}_{a_4} + \underbrace{a_4\ q}_{a_5} + \underbrace{a_5\ q}_{a_6} + \cdots + \underbrace{a_{n-1}\ q}_{a_n} + a_n\ q$$

$$q\ S_n = a_2 + a_3 + a_4 + a_5 + a_6 + \cdots + a_n + a_n\ q \tag{B}$$

Subtraindo (B) de (A) encontramos uma relação que nos dá a soma dos termos de qualquer progressão geométrica finita. Ou seja:

$$S_n - q\ S_n = (a_1 + a_2 + a_3 + \cdots + a_{n-1} + a_n) - (a_2 + a_3 + a_4 + \cdots + a_n + a_n\ q)$$

$$S_n(1 - q) = a_1 + a_2 + a_3 + \cdots + a_{n-1} + a_n - a_2 - a_3 - a_4 - \cdots - a_n - a_n\ q$$

$$S_n(1 - q) = a_1 + (a_2 - a_2) + (a_3 - a_3) + \cdots + (a_{n-1} - a_{n-1}) - a_n\ q$$

$$S_n(1 - q) = a_1 - a_n . q$$

$$S_n = \frac{a_1 - a_n . q}{1 - q}$$

Como $a_n = a_1 . q^{n-1}$, podemos escrever $S_n = \dfrac{a_1 - a_1 . q^{n-1} . q}{1 - q} = \dfrac{a_1 - a_1 . q^n}{1 - q}$

Ou seja, $S_n = \dfrac{a_1(1 - q^n)}{1 - q}$ $\hfill$ (C)

Para somar os $n$ termos de uma PG, utilizamos a relação (C) dada em função do primeiro termo, da razão e do número de termos da progressão geométrica.

Podemos, portanto, reduzir a expressão (3) utilizando a fórmula (C) para a soma dos termos de uma progressão geométrica finita, considerando que $a_1 = \sqrt{2}$ é o primeiro termo da sequência, $n$ é o número de termos e $q = \sqrt{2}$ é a razão da PG, obtendo assim:

$$S_n = \frac{\sqrt{2}\left(1-\sqrt{2}^n\right)}{1-\sqrt{2}}$$

Substituindo $S_n$ na expressão (3), obtemos:

$$Q_n = \left(\frac{1}{2}\right)^{\frac{n}{2}} 60000 + \left(\frac{1}{2}\right)^{\frac{n}{2}} 8400 \left[\underbrace{\sqrt{2}+2+2\sqrt{2}+4+\ldots+\sqrt{2^{n-2}}+\sqrt{2^{n-1}}+\sqrt{2^n}}_{S_n}\right]$$

$$Q_n = \left(\frac{1}{2}\right)^{\frac{n}{2}} 60000 + \left(\frac{1}{2}\right)^{\frac{n}{2}} 8400 \left[\frac{\sqrt{2}\left(1-\sqrt{2}^n\right)}{1-\sqrt{2}}\right]$$

$$Q_n = \left(\frac{1}{2}\right)^{\frac{n}{2}} \left\{60000 + 8400\left[\frac{\sqrt{2}\left(1-\sqrt{2}^n\right)}{1-\sqrt{2}}\right]\right\} \tag{4}$$

Realizando simplificações no modelo (4), podemos escrever

$$Q_n = \left(43200 - 8400\sqrt{2}\right)\left(\frac{1}{2}\right)^{\frac{n}{2}} + 8400\sqrt{2} + 16800 \tag{5}$$

onde $n$ é o tempo (em meses) e $Q_n$ a quantidade de mercúrio remanescente no ambiente no mês $n$. A representação gráfica dessa expressão consta na figura 7.

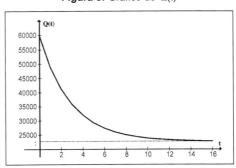

**Figura 7:** Gráfico de $Q_n$  **Figura 8:** Gráfico de Q(t)

Considerando o tempo como variável contínua, a partir da expressão (5), a quantidade num tempo $t$ qualquer pode ser dada pelo modelo (6) e seu gráfico é mostrado na figura 8.

45

# Modelagem Matemática na educação básica

$$Q(t) = \left(43200 - 8400\sqrt{2}\right)\left(\frac{1}{2}\right)^{\frac{t}{2}} + 8400\sqrt{2} + 16800 \tag{6}$$

---

### CONVERSANDO COM A SALA DE AULA

Nesta atividade é possível abordar a ideia intuitiva de limite de uma função quando a variável independente tende a infinito. Nesse caso, o professor pode realizar discussões em torno da expressão:

$$\lim_{t\to\infty} Q(t) = \lim_{t\to\infty}\left[\left(43200 - 8400\sqrt{2}\right).\left(\frac{1}{2}\right)^{\frac{t}{2}} + 8400\sqrt{2} + 16800\right] \tag{D}$$

Com o auxílio da representação gráfica (figura 8), podemos analisar como se comporta a quantidade $Q$ de mercúrio no ambiente quando o tempo $t$ tende para o infinito. Nesse contexto, é preciso entender o comportamento $\left(\frac{1}{2}\right)^{\frac{t}{2}}$. Quanto maior o valor de $t$, maior o valor da expressão $\left(\frac{t}{2}\right)$ e, consequentemente, menor o valor da expressão $\left(\frac{1}{2}\right)^{\frac{t}{2}}$ uma vez que a base $\left(\frac{1}{2}\right)$ é positiva e menor do que um. Ou seja, quanto maior o valor de $t$, mais $\left(\frac{1}{2}\right)^{\frac{t}{2}}$ se aproxima de zero.

Como $\left(\frac{1}{2}\right)^{\frac{t}{2}}$ tende a zero quando $t$ tende a infinito, $(43200 - 8400\sqrt{2})\left(\frac{1}{2}\right)^{\frac{t}{2}}$ também tende a zero e, portanto, resta na expressão (D), $Q(t) = 8400\sqrt{2} + 16800$, o que para $\sqrt{2} \approx 1,41$, corresponde a aproximadamente 28679,39mg de mercúrio no ambiente.

Ou seja,

$$\lim_{t\to\infty} Q(t) = \lim_{t\to\infty}\left[\left(43200 - 8400\sqrt{2}\right)\left(\frac{1}{2}\right)^{\frac{t}{2}} + 8400\sqrt{2} + 16800\right] = 8400\sqrt{2} + 16800 \approx 28679,39\text{mg}$$

---

A partir da expressão (6) podemos inferir que, se não forem definidas medidas mais acertadas para o descarte das lâmpadas em desuso, a quantidade de mercúrio no ambiente diminuiria com o passar dos meses, mas não seria inferior a 28679,39mg. Com o modelo é possível inferir ainda sobre a quantidade de mercúrio num dado mês após o instante inicial. Por exemplo, após 6 meses do instante inicial teríamos, no local, 32594,47mg de mercúrio uma vez que

$$Q(6) = \left(43200 - 8400\sqrt{2}\right)\left(\frac{1}{2}\right)^{\frac{6}{2}} + 8400\sqrt{2} + 16800 \cong 32594,47$$

---

### PARA ALÉM DA MATEMÁTICA

**Só 6% das lâmpadas têm descarte correto (29/12/2010)**
Andrea Vialli - *O Estado de S. Paulo*

O que fazer com as lâmpadas fluorescentes após a vida útil? Das mais de 200 milhões de unidades que são consumidas anualmente no Brasil, apenas cerca de 6%, ou 12 milhões, recebem destinação correta – o que inclui a retirada do mercúrio e a reciclagem de seus componentes, como vidro e alumínio.

Atualmente, a falta de uma estrutura de coleta para que o consumidor leve suas lâmpadas e o pequeno número de empresas capacitadas para realizar a destinação correta do material são os grandes desafios. Em todo o País, não existe mais que uma dezena de empresas licenciadas para reciclar o material. [...]

A tecnologia empregada na reciclagem permite, por exemplo, que o pó fosfórico, subproduto do processo de reciclagem, seja reaproveitado na indústria de cerâmica. O vidro vai para a produção de pisos e o perigoso mercúrio é reutilizado na produção de barômetros e termômetros. "A proposta é fechar o ciclo", diz Patchelli. [...]

Segundo os recicladores, o custo de reciclar uma lâmpada fluorescente fica entre R\$1 e R\$1,20.

Disponível em: <http://www.estadao.com.br/estadaodehoje/20101229/not_imp659366,0.php>.
Acesso em: 27 de março de 2011.

## Na hora de apagar a luz

---

### NESTA ATIVIDADE...

**Situação inicial (problemática)**
Mercúrio contido em lâmpadas fluorescentes e contaminação do ambiente em que são descartadas.

**Fase de inteiração**
*Análise dos dados*
*Definição do problema:*
Estimar a quantidade de mercúrio liberada para o meio ambiente em função da quebra de lâmpadas fluorescentes.

**Matematização e resolução**
*Hipóteses*
1) Cada lâmpada fluorescente possui, em média, 20mg de mercúrio.
2) Existem, inicialmente, 3000 lâmpadas descartadas no depósito.
3) Novas 420 lâmpadas são depositadas no mesmo depósito mensalmente.
4) Todas as lâmpadas se quebram assim que chegam ao depósito, liberando mercúrio.
5) A meia-vida do mercúrio é de, aproximadamente, dois meses.

*Variáveis*
n – tempo dado em meses, considerando $n \in N$
$Q_n$ – Quantidade de mercúrio no ambiente ao final do tempo n
t – tempo dado em meses, considerando $t \in R$
$Q(t)$ – Quantidade de mercúrio no ambiente ao final do tempo t

*A matemática do problema*
Soma de progressão geométrica finita – foco na descrição da atividade
Progressão geométrica e função exponencial
Recorrência

*Modelo matemático da situação*

$$Q(t) = \left(43200 - 8400\sqrt{2}\right)\left(\frac{1}{2}\right)^{\frac{t}{2}} + 8400\sqrt{2} + 16800$$

**Interpretação e validação**
Análise do modelo e de suas estimativas.

**Situação final**
Uso do modelo para determinar a quantidade de mercúrio em cada instante.

## NOTA

[1]  Grupo de alunos do primeiro ano de um curso de Licenciatura em Matemática.

# E EU PERGUNTO: TEM CALÇA DE QUAL TAMANHO?

Ainda hoje é possível encontrar pessoas que costumam fazer roupas com costureiros, visando a um ajuste ideal da peça às medidas de seu corpo. No entanto, é comum as pessoas comprarem roupas feitas segundo padrões de medidas específicos. A variedade de marcas existentes leva a diferentes medidas-padrão próprias. Por isso, nem sempre a numeração de uma marca corresponde à numeração de outra.

Nesse contexto, podemos realizar uma investigação acerca do "tamanho (numeração) da calça jeans de uma pessoa de acordo com suas medidas". Dado o tema, algumas perguntas podem surgir: a numeração de calças utilizada para homens é a mesma numeração utilizada para mulheres? Calças jeans têm numeração diferente daquela usada para outros tipos de calças? Quais medidas do corpo humano são levadas em consideração para definir a numeração da calça jeans?

As perguntas iniciais, passíveis de investigação, discussão e pesquisa, podem conduzir a algumas hipóteses e simplificações importantes para a formulação do problema de investigação. Por exemplo, discutir a questão referente às medidas do corpo humano que são consideradas para estabelecer a numeração da calça jeans implica considerar se o objeto de investigação é a numeração da calça jeans masculina ou feminina. Escolher a calça jeans feminina remete, por sua vez, à discussão de que parte do corpo é determinante para definir a numeração da calça. Neste texto, considerar-se-á a medida do quadril já que, se a calça passar pelo quadril, mesmo ficando um pouco larga na cintura, pode ser adaptada com o uso de algumas pences.

Desse modo, podemos formular o seguinte problema: Conhecida a medida do quadril de uma mulher, qual o número de sua calça jeans?

Dado o problema, faz-se necessário coletar informações que possibilitem sua resolução, seja de modo empírico realizando medidas em algumas pessoas, seja por meio de pesquisa bibliográfica. Na tabela 1 apresentamos dados obtidos na revista *Manequim*, edição 551, de novembro de 2005.

**Tabela 1:** Número da calça e medida do quadril

| Quadril | 88 | 92 | 96 | 100 | 104 | 108 | 112 | 116 | 120 | 124 |
|---|---|---|---|---|---|---|---|---|---|---|
| Nº da calça | 36 | 38 | 40 | 42 | 44 | 46 | 48 | 50 | 52 | 54 |

Fonte: Revista *Manequim*, edição 551, novembro de 2005, p. 35.

Frente aos dados, realizamos algumas restrições: o tecido padrão considerado na confecção do modelo é o jeans sem lycra ou stretch; fazemos o estudo para calça feminina e numeração entre 36 e 54.

A fim de estabelecer relações entre as variáveis, $C$=número da calça (variável dependente) e $q$=medida do quadril, em centímetros (variável independente), pode ser útil construir um gráfico com os pares ordenados da tabela 1 para observar a tendência dos dados. Observando esses pares ordenados (figura 9), é possível elaborar outra hipótese: a relação entre o quadril e o número da calça é representada por uma função do primeiro grau.

**Figura 9:** Pares ordenados ($q$, $C$)

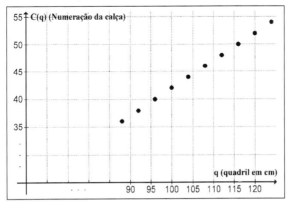

Considerando a hipótese de que uma função polinomial do primeiro grau[1] ajusta-se aos dados, podemos tomar dois pontos quaisquer e construir um sistema, obtendo o modelo (1) cujo gráfico é apresentado na figura 10.

$$C(q) = \frac{1}{2}q - 8 \qquad (1)$$

onde $q$ é a medida do quadril em centímetros e $C(q)$ a numeração da calça.[2]

**Figura 10:** Esboço do Modelo (1): $C(q) = \frac{1}{2}q - 8$

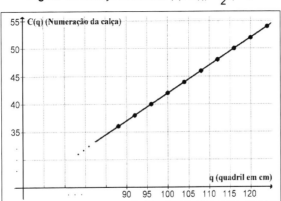

Mas esse modelo só serve para valores de $q$ que constam na tabela 1 e, portanto, múltiplos de 4. Ou seja, caso uma pessoa tenha o quadril de 102cm, por exemplo, de acordo com o modelo encontrado, faria corresponder a ela uma calça de número 43, uma numeração que não existe. Logo, é preciso acrescentar ao modelo (1) os intervalos para a medida do quadril e, para isso, pode-se construir a tabela 2. Para a construção dessa tabela, considera-se que uma pessoa com quadril 89cm, por exemplo, compra uma calça de numeração 38 e não 36, já que esta última ficaria apertada e não possibilitaria ajustes. Os dados da tabela 2 são representados no gráfico da figura 11.

**Tabela 2:** Número da calça e medida do quadril em intervalos

| Quadril (cm) | N° da calça |
|---|---|
| 88 | 36 |
| (88, 92] | 38 |
| (92, 96] | 40 |
| (96, 100] | 42 |
| (100, 104] | 44 |
| (104, 108] | 46 |
| (108, 112] | 48 |
| (112, 116] | 50 |
| (116, 120] | 52 |
| (120, 124] | 54 |

**Figura 11:** Gráfico considerando os valores da tabela 2

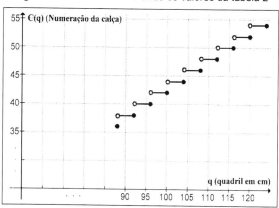

Modificar o modelo $C(q) = \frac{1}{2}q - 8$ para atender à característica expressa na tabela 2 e na figura 11 implica considerar a função "maior inteiro".

### Funções Maior Inteiro e Menor Inteiro

Kenneth Eugene Iverson (1920-2004) é o matemático canadense que introduziu, ainda na década de 1960, uma notação e uma nomenclatura especiais para as funções "maior inteiro" e "menor inteiro", denotadas, respectivamente, por $\lfloor x \rfloor$ e $\lceil x \rceil$, as funções definidas no conjunto dos números reais pelas seguintes regras:

$\lfloor x \rfloor$ = o maior inteiro menor ou igual a $x$;
$\lceil x \rceil$ = o menor inteiro maior ou igual a $x$.

Outra notação utilizada para a função maior inteiro é [[x]]. O gráfico desta função é:

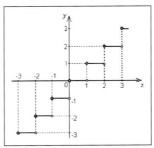

Agora é com vocês: como é o gráfico da função menor inteiro $\lceil x \rceil$?

Para construir uma expressão que contemple as condições apresentadas na tabela 2, é preciso considerar que as medidas de quadril para as quais existe numeração de calça são múltiplos de quatro. Nesse sentido, é preciso pensar num modo de tornar toda numeração de quadril um múltiplo de quatro antes mesmo de associar, ao quadril, o número da calça. Isso pode ser feito utilizando-se a expressão $4\left\lfloor\dfrac{q}{4}\right\rfloor$. Nessa expressão, divide-se a medida do quadril por 4 e considera-se o maior inteiro deste resultado. A seguir, multiplica-se o resultado por 4 de modo a obter uma numeração de quadril pertencente aos valores da tabela 1. Tomando 103,5cm como medida do quadril, por exemplo, obteríamos, a partir da expressão $4\left\lfloor\dfrac{q}{4}\right\rfloor$, o ajuste 100 (valor que consta na tabela).

Se substituirmos $q$ da expressão (1) por $4\left\lfloor\dfrac{q}{4}\right\rfloor$, obtemos $C(q)$ múltiplo de 2. Vejamos,

$$C(q) = \dfrac{4\left\lfloor\dfrac{q}{4}\right\rfloor}{2} - 8 \text{, ou ainda,}$$

$$C(q) = 2\left\lfloor\dfrac{q}{4}\right\rfloor - 8 \qquad (2)$$

Com o modelo (2) todos os resultados obtidos para $C(q)$ são múltiplos de 2, tal como acontece na numeração da calça. No entanto, esse modelo sempre associa a uma determinada medida de quadril um número de calça menor do que deveria ser, assim como no exemplo da medida fictícia de 103,5cm. Nesse caso, obteríamos $C(q) = 42$, numeração de calça que não serviria para a pessoa de quadril 103,5cm, já que tal numeração corresponde ao quadril de medida 100cm. E agora, o que fazer?

Para resolver o novo problema, basta adicionar 1 ao maior inteiro de $\left\lfloor \dfrac{q}{4} \right\rfloor$ antes de multiplicá-lo por dois, conforme mostra a expressão (3)

$$C(q) = 2\left(\left\lfloor \frac{q}{4} \right\rfloor + 1\right) - 8 \qquad (3)$$

O modelo (3) é válido para valores inteiros de q não múltiplos de 4. Para os múltiplos de 4 pertencentes ao domínio [88, 124] consideramos a expressão (1). Finalmente, para expressar o número da calça feminina em função da medida do quadril, o modelo matemático usado pode ser:

$$C(q) = \begin{cases} \dfrac{1}{2}q - 8, & se\ q = 4n, \quad n \in N \quad e \quad 88 \le n \le 124 \\ 2\left(\left\lfloor \dfrac{q}{4} \right\rfloor + 1\right) - 8, & se\ q \ne 4n, \quad n \in N \quad e \quad 88 \le n \le 124 \end{cases}$$

Este modelo também é representado pelo gráfico da figura 11.

---

**CONVERSANDO COM A SALA DE AULA**

Nesta investigação foi utilizada a função maior inteiro no desenvolvimento do modelo matemático. É interessante o professor propor uma discussão em sala sobre o uso da função menor inteiro na mesma investigação, bem como a realização de uma análise comparativa dos modelos obtidos pelos dois ajustes.

Outra questão passível de investigação, motivada por esta atividade de modelagem, pode ser: "Dada a numeração da calça jeans de uma mulher, qual a possível medida de seu quadril?". Nesse caso, o professor pode aproveitar para discutir se a função admite ou não inversa e, mesmo não admitindo, acaba por abarcar os conceitos de função injetora, sobrejetora e bijetora.

---

NOTA: Nessa situação, a validação se deu no curso do desenvolvimento da investigação, interpondo sempre os modelos obtidos com as hipóteses e informações iniciais – passo a passo. Pode-se dizer, então, que, na situação, os modelos obtidos eram analisados frente às hipóteses e às informações iniciais, o que orientava o encaminhamento da atividade. No entanto, para validar o modelo matemático, pode-se, ainda, atribuir diferentes valores para o quadril e relacioná-los à numeração da calça jeans, conforme mostra a tabela 3.

**Tabela 3:** Validação do modelo obtido

| Quadril (cm) | Nº da calça |
|:---:|:---:|
| 88 | 36 |
| 88,5 | 38 |
| 89 | 38 |
| 92 | 38 |
| 96 | 40 |
| 108 | 46 |
| 120 | 52 |
| 124 | 54 |

E eu pergunto: tem calça de qual tamanho?

---

### NESTA ATIVIDADE...

**Situação inicial (problemática)**
Numeração da calça jeans feminina

**Inteiração**
*Análise dos dados da revista*
*Definição do problema:*
Conhecida a medida do quadril de uma mulher, qual o número da sua calça jeans?

**Matematização e resolução**

*Definição de hipóteses*
- A medida do quadril é determinante para a numeração da calça jeans feminina. Por isso, é possível estabelecer uma relação entre a medida do quadril e a numeração de calça correspondente;
- Considera-se que uma pessoa com quadril 89cm, por exemplo, compre uma calça de numeração 38 e não 36, já que esta última ficaria apertada e não possibilitaria ajustes;
- Uma hipótese provisória é de que os dados ajustam-se a uma função polinomial do primeiro grau;
- É preciso utilizar uma função definida por partes. Na primeira parte, as numerações de calça jeans, números múltiplos de 4, são ajustadas por uma função do primeiro grau. As demais numerações são ajustadas via função maior inteiro.

*Definição de variáveis*
$q$ – medida do quadril (em centímetros)
$C(q)$ – numeração da calça correspondente ao quadril de medida q

*A matemática do problema*
Função maior inteiro – foco na descrição da atividade
Função polinomial do primeiro grau
Função definida por várias sentenças

*Modelo matemático da situação*

$$C(q) = \begin{cases} \dfrac{1}{2}q - 8, & se\ q = 4n, \quad n \in N \quad e \quad 88 \leq n \leq 124 \\ 2\left(\left\lfloor \dfrac{q}{4} \right\rfloor + 1\right) - 8, & se\ q \neq 4n, \quad n \in N \quad e \quad 88 \leq n \leq 124 \end{cases}$$

**Interpretação e validação**
Análise da adequação do modelo para a definição da numeração de uma calça jeans feminina em função da medida do quadril.

**Situação final**
Um modelo matemático que relaciona a medida do quadril com a numeração da calça.

# NOTAS

[1] Uma definição de função polinomial do primeiro grau é apresentada na atividade do item 8 desta parte do livro.
[2] As restrições do domínio da função serão apresentadas na formulação final do modelo matemático da situação.

# A MATEMÁTICA DO VAI E VEM DAS MARÉS

A situação "A matemática do vai e vem das marés" ilustra como textos complementares que figuram em livros didáticos podem ser utilizados na sala de aula. O texto que segue consta do livro didático *Matemática Fundamental: uma nova abordagem*, de José Ruy Giovanni, José Roberto Bonjorno e José Ruy Giovanni Jr. Esses autores utilizam um texto da *Enciclopédia do Estudante* como leitura complementar do capítulo de Trigonometria (p. 286). Nesse texto, além de descrever as influências do Sol, da Lua e da Terra sobre o movimento periódico das marés, os autores apresentam um modelo matemático que descreve tal movimento.

O que se propõe, nessa atividade, é a utilização do texto para iniciar o desenvolvimento de uma atividade de modelagem. Considerando essa forma de apresentação da atividade, ela se configura como uma atividade do primeiro momento da modelagem a que nos referimos na Parte I do livro.

### As Marés e a Trigonometria

Os movimentos periódicos de elevação e abaixamento da superfície dos oceanos, mares e lagos são provocados pela força gravitacional da Lua e do Sol sobre a Terra. As marés ocorrem a intervalos regulares de 6 horas e 12 minutos. Portanto, a cada 24 horas e 50 minutos, o mar sobe e desce duas vezes, constituindo o fluxo e refluxo das águas. À medida que a Terra gira, outras regiões passam a sofrer elevações, como se a subida de nível se deslocasse, seguindo a Lua.

No lado oposto da Terra, dá-se o mesmo: as águas também se erguem, de forma que uma elevação compensa a outra. Assim, nas regiões da costa, essas elevações das águas correspondem às marés altas.

Enquanto o nível das águas sobe em dois lados opostos na Terra, em outras duas regiões do globo (também diametralmente opostas) ele desce: é a maré baixa.

Embora muito maior que a Lua, o Sol tem menor efeito sobre as marés, porque sua distância da Terra é muito grande. A elevação das águas, contudo, é bem mais acentuada quando os três corpos estão alinhados, o que é verificado duas vezes por mês, na Lua Cheia e na Lua Nova; são as chamadas marés grandes. Quando o Sol, a Lua e a Terra estão dispostos em ângulo reto (sendo a Terra o vértice), a variação das marés é menor; são as marés mortas.

A diferença entre a maré baixa e a maré alta é denominada amplitude das marés e se mede por meio de uma régua graduada ou marégrafo.

Para uma determinada maré, a altura A, medida em metros, acima do nível médio, é dada, aproximadamente, pela fórmula $A(t) = 4.sen\left(\dfrac{\pi}{6}t + \dfrac{\pi}{4}\right)$, em que $t$ é o tempo medido em horas.

Adaptado de *Enciclopédia do Estudante*, v.11, São Paulo: Nova Cultural
Fonte: GIOVANNI, José Ruy. BONJORNO, José Roberto. GIOVANNI JR., José Ruy. *Matemática Fundamental*: uma nova abordagem – ensino médio. São Paulo: FTD, 2002.

A matemática do vai e vem das marés

Um modo de conduzir a atividade na sala de aula pode ser suprimir o último parágrafo do texto a que nos referimos, em que consta o modelo matemático da situação. Nesse caso, os alunos encontrarão um modelo matemático associado ao movimento das marés sem conhecer, de antemão, um modelo já estruturado. No entanto, propomos que concluída a atividade, o professor apresente tal modelo de modo que os alunos o relacionem com aquele por eles obtido.

Investigar essa situação implica considerar algumas simplificações. Por considerar que o movimento das marés sofre alterações no decorrer dos dias, influenciado pela dinâmica do posicionamento Lua-Sol-Terra, bem como por considerar que cada diferente ponto da costa brasileira apresenta uma dinâmica diferente para o movimento das marés, buscamos definir uma praia brasileira e um dia do ano para estudar o comportamento das marés.

Optamos, então, pelo movimento das marés no dia 1º de janeiro de 2011 na praia de Porto de Galinhas, em Recife, Pernambuco. Segundo medições realizadas pela Diretoria de Hidrografia e Navegação (DHN), Centro de Hidrografia da Marinha (CHM) e Banco Nacional de Dados Oceanográficos (BNDO), nesse dia as marés apresentaram alturas máxima e mínima conforme mostra o quadro 1.

**Quadro 1:** Comportamento das marés no dia 1º/1/2011 em Porto de Galinhas

| Dia | Hora | Alt. (m) |
|---|---|---|
| SÁB 1º/1/2011 | 01:32 | 2.0 |
| | 07:43 | 0.5 |
| | 13:58 | 2.0 |
| | 20:11 | 0.4 |

Fonte: BNDO – Disponível em: < http://www2.uol.com.br/portodegalinhas/mares.htm >. Acesso em: 03 abr. 2011.

Frente à situação estudamos o seguinte problema: *Como determinar a altura da maré em relação ao tempo no decorrer de um dia na praia de Porto de Galinhas?*

A partir das informações do texto e dos dados do quadro 1, definimos como hipótese que o movimento das marés corresponde a um movimento periódico e como tal, pode ser representado por meio de uma função trigonométrica. Considerando que os valores referentes às alturas da maré ficam entre um mínimo de 0,45m (a média entre as marés baixas observadas no dia em questão $(0,5+0,4) \div 2 = 0,45$) e um máximo de 2m, indicamos que se trata de uma função seno ou cosseno. No desenvolvimento da atividade, construímos uma função seno para representar o movimento das marés.

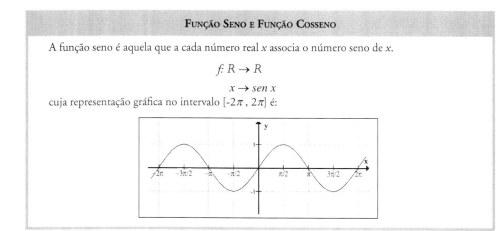

Considerando as informações do quadro 1, podemos construir um esquema representativo da situação das marés, contemplando a variável independente tempo $t$, dada em horas e a variável dependente altura da maré no instante $t$, $h(t)$, dada em metros.

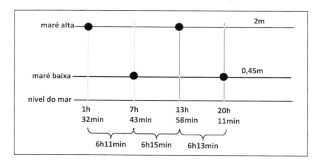

**Figura 12:** Esquema representativo da situação das marés

Para encontrar o período de tempo entre uma maré alta e uma maré baixa, podemos realizar uma aproximação tomando os três períodos apresentados (6h11min, 6h15min e 6h13min) e calculando a média entre eles, neste caso, 6h13min ou, ainda, aproximadamente 6,22h[1]. Podemos considerar que este resultado valida o valor expresso no texto "As marés e a Trigonometria" referindo-se a 6h12min.

Podemos, portanto, orientar a construção do modelo matemático para a situação pelas hipóteses:

- Maré alta com 2m e maré baixa com 0,45m, ou seja, a imagem da função que representa o movimento das marés na situação em estudo está contida no intervalo [0,45 , 2].

- O período entre a maré alta e a maré baixa é de, aproximadamente, 6,22h. Logo, o período entre uma maré alta e outra maré alta, ou entre uma maré baixa e outra maré baixa é de, aproximadamente, 12,44h;
- No desenvolvimento da atividade, construímos uma função seno para representar o movimento das marés.

Para ajustar uma função seno aos pontos conhecidos em relação ao movimento das marés, considerando o período de 12,44 horas [(1h32min, 2m); (7h45min, 0,45m); (13h58min, 2m); (20h11min, 0,45)], conforme mostra a figura 13, precisamos levar em conta as características e propriedades dessa função, como a amplitude, o período e a translação.

Desse modo, considerando essas características e os dados relativos ao problema das marés, podemos partir da função $h(t) = sen\ t$ e acrescentar, sucessivamente, parâmetros associados a essas características da função até obtermos a melhor aproximação de tendência dos dados expressa na figura 13.

**Figura 13:** Gráfico da função $f(x) = sen\ x$ e os pontos conhecidos para a situação da maré alta e baixa durante 24 horas

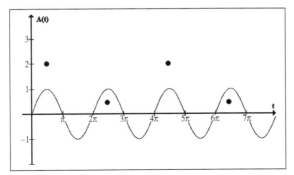

A investigação dessa situação pode ser mediada pelo uso de um software computacional livre para a construção de gráficos, tal como o Graphmática, o Graph ou o Geogebra, bem como utilizar funções auxiliares para estudar o significado e determinar o valor de cada um desses parâmetros.

Para determinar a amplitude do modelo associado ao problema das marés, usamos a função $f(x) = A sen\ x$ para diferentes valores reais de $A$. Para ilustrar, consideramos as funções $f(x) = sen\ x$, $g(x) = 2sen\ x$, $h(x) = 3sen\ x$ e $q(x) = \frac{1}{4} sen\ x$, representadas num mesmo plano cartesiano (figura 14).

57

**Figura 14:** Influência do parâmetro A na função f(x) = Asen x

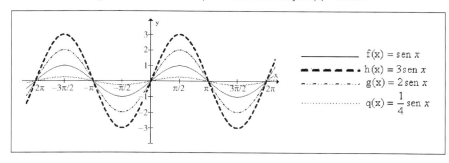

Nos gráficos das funções, é possível observar que ao mudarmos o parâmetro $A$ da função, obtemos diferentes amplitudes. Amplitude é uma medida escalar da magnitude de oscilação de uma onda. Em trigonometria, essa amplitude é obtida dividindo por dois a diferença entre os valores máximo e mínimo da função.

Nas funções que estamos analisando, temos:

em $f(x) = sen\ x$, Im = $[-1, 1]$ e amplitude = $\dfrac{1-(-1)}{2} = 1$;

em $g(x) = 2sen\ x$, Im = $[-2, 2]$ e amplitude = $\dfrac{2-(-2)}{2} = 2$;

em $h(x) = 3sen\ x$, Im = $[-3, 3]$ e amplitude = $\dfrac{3-(-3)}{2} = 3$;

em $q(x) = \dfrac{1}{4} sen\ x$, Im = $\left[-\dfrac{1}{4}, \dfrac{1}{4}\right]$ e amplitude = $\dfrac{1/4-(-1/4)}{2} = \dfrac{1}{4}$.

A conclusão a que devem chegar os alunos é que "o valor do parâmetro $A$ identifica a amplitude da função de modo que, enquanto a imagem de $f(x) = sen\ x$ é $[-1, 1]$, a imagem da função $f(x) = Asen\ x$ é $[-A, A]$".

Na situação das marés em que a imagem é $[0,45, 2]$ calculamos a amplitude:

amplitude = $\dfrac{2-(0,45)}{2} = \dfrac{1,55}{2} = 0,775$

e obtemos, por enquanto, $h(t) = 0{,}775sen\ t$, cuja representação gráfica está na figura 15.

**Figura 15:** Gráfico da função h(t) = 0,775sen t

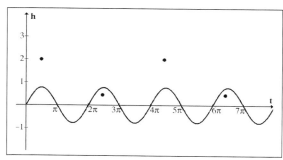

No entanto, a função obtida ainda não contempla a imagem [0,45 , 2], como é possível observar no gráfico da figura 15. É preciso, então, fazer alterações nos parâmetros da função seno e identificar as influências dessas alterações na representação gráfica para, a partir disso, ajustar aos dados a função $h(t)$.

Outro parâmetro passível de investigação é aquele que somamos à função $f(x) = sen\, x$. Para ilustrar, podemos construir as representações gráficas das funções $f(x) = sen\, x$, $g(x) = 2 + sen\, x$, $h(x) = 3 + sen\, x$ e $q(x) = -2 + sen\, x$, identificando a influência dos valores somados à sen $x$, ou seja, os valores de $B$ em $f(x) = B + sen\, x$ conforme mostra a figura 16.

**Figura 16:** Investigação do parâmetro $B$ da função $f(x) = B + sen\, x$

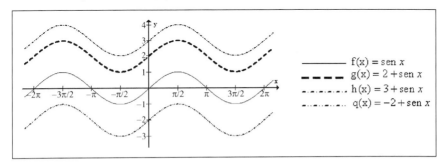

Nesses gráficos, observa-se um deslocamento vertical, tal que:
- em $f(x) = sen\, x$, temos Im = [−1 , 1];
- em $g(x) = 2 + sen\, x$, temos Im = [1 , 3];
- em $h(x) = 3 + sen\, x$, temos Im = [2 , 4];
- em $q(x) = -2 + sen\, x$, temos Im = [−3 , −1].

Nesse caso, o valor de $B$ determina o deslocamento vertical da função $f(x) = sen\, x$, de modo que enquanto a imagem de $f(x) = sen\, x$ é [-1 , 1], a imagem da função $f(x) = B + sen\, x$ corresponde a [-1+$B$ , 1+$B$].

Na situação, temos que encontrar $B$ em $h(t) = B + 0{,}775 sen\, t$, de modo que a imagem da função corresponda ao intervalo [0,45 , 2], atendendo às medidas para maré alta e maré baixa. Ou seja, temos que determinar $B$ tal que [-0,775+$B$ , 0,775+$B$] = [0,45 , 2]. Nesse caso, $B$=1,225 e a função resultante, até o momento, é $h(t) = 1{,}225 + 0{,}775 sen\, t$, cuja representação gráfica segue na figura 17.

**Figura 17:** Gráfico da função $h(t) = 1{,}225 + 0{,}775\,sen\ t$

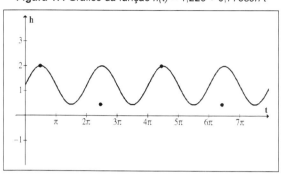

Ainda assim, a função não passa pelos pontos (tempo, altura da maré) observados no dia e na praia em questão. Isso implica, novamente, fazer alterações nos parâmetros da função.

Outro parâmetro que exerce influência é aquele que multiplica a variável $x$, tal como $C$ em $f(x) = sen\ (Cx)$. Para estudá-lo construímos os gráficos das funções $f(x) = sen\ x$, $g(x) = sen\ (2x)$ e $q(x) = sen\left(\dfrac{1}{2}x\right)$ investigando a influência do parâmetro $C$ na relação $f(x) = sen\ (Cx)$, conforme mostra a figura 18.

**Figura 18:** Investigação do parâmetro C da função $f(x) = sen\ (Cx)$

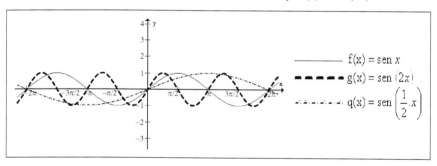

É possível observar que o parâmetro $C$ não altera a imagem da função, como acontecia com os parâmetros $A$ e $B$. Aqui, o que acontece é um "esticar" ou "encolher" relacionado ao eixo dos $x$, influenciando o período da função.

Período da função é o nome dado ao menor valor positivo $p$ para o qual é verdade que $f(x) = f(x + p)$ para todo $x$.

Nos gráficos da figura 18 é possível observar que, enquanto o período da função $f(x) = sen\ x$ é $2\pi$, o período da função $g(x) = sen\ (2x)$ é $\pi$ e o período de $q(x) = sen\left(\dfrac{1}{2}x\right)$ é $4\pi$, o que nos leva à expressão que relaciona o período $p$ da função trigonométrica seno com o parâmetro $C$ que multiplica a incógnita $x$: $p = \dfrac{2\pi}{|C|}$.

Na situação das marés o período de 12,44 horas, tempo entre duas marés altas ou duas marés baixas consecutivas, corresponde ao período da função trigonométrica seno. Assim fazemos:

$$12,44 = \frac{2\pi}{|C|} \quad C = \frac{2\pi}{12,44} \quad C = \frac{\pi}{6,22}$$

Obtemos então a expressão $h(t) = 1,225 + 0,775\,sen\left(\frac{\pi}{6,22}t\right)$, cuja representação gráfica aparece na figura 19.

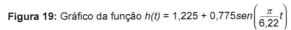

**Figura 19:** Gráfico da função $h(t) = 1,225 + 0,775\,sen\left(\frac{\pi}{6,22}t\right)$

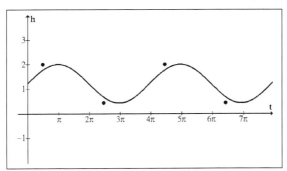

Todavia, a função ainda não corresponde aos dados observados. A partir do gráfico da figura 19, observamos que um deslocamento horizontal pode ser útil para ajustar a função aos pontos iniciais. Isso implica investigar um outro parâmetro da função trigonométrica, aquele que se soma à variável x antes de calcular o seno.

Usando a mesma estratégia adotada na investigação dos demais parâmetros, podemos construir as representações gráficas das funções $f(x) = sen\ x$, $g(x) = sen\left(x + \frac{\pi}{2}\right)$, $h(x) = sen\ (x - \pi)$ e $q(x) = sen\left(x + \frac{3\pi}{2}\right)$, de modo a discutir o parâmetro D em $f(x) = sen\ (x + D)$ apresentados na figura 20.

61

**Figura 20:** Investigação do parâmetro D da função *f(x) = sen (x + D)*

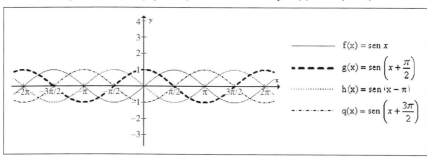

Novamente não há influências na imagem da função. No entanto, há um deslocamento horizontal quando tomamos como referência a função *f(x) = sen x*. Em $g(x) = sen\left(x + \frac{\pi}{2}\right)$ há um deslocamento à esquerda de medida $\frac{\pi}{2}$, ao passo que em *h(x) = sen (x − π)* há um deslocamento à direita de medida $\pi$ e em $q(x) = sen\left(x + \frac{3\pi}{2}\right)$ há um deslocamento à esquerda de medida $\frac{3\pi}{2}$.

Por meio desse parâmetro (*D*), podemos ajustar a função *h(t)* até então obtida aos pontos conhecidos da situação em estudo, representativos dos horários e alturas das marés baixa e alta do dia e na praia em questão. Para isso, e tomando um ponto conhecido qualquer, no caso (1h32min , 2m), resolvemos a equação trigonométrica a seguir:

$$h(t) = 1{,}225 + 0{,}775\,sen\left(\frac{\pi}{6{,}22}t + D\right)$$

$$2 = 1{,}225 + 0{,}775\,sen\left(\frac{\pi}{6{,}22}\left(1 + \frac{32}{60}\right) + D\right)$$

$$1 = sen\left(\frac{\pi}{6{,}22} + \frac{32\pi}{373{,}2} + D\right)$$

Considerando o primeiro valor para o qual o seno resulta 1, temos:

$$sen\,\frac{\pi}{2} = sen\left(\frac{\pi}{6{,}22} + \frac{32\pi}{373{,}2} + D\right)$$

Neste caso,

$$\frac{\pi}{2} = \frac{\pi}{6{,}22} + \frac{32\pi}{373{,}2} + D \qquad \frac{\pi}{2} - \frac{\pi}{6{,}22} - \frac{32\pi}{373{,}2} = D \qquad D = \frac{473\pi}{1866}$$

Portanto, o modelo matemático que representa a situação das marés no dia 1º de janeiro de 2011 na praia de Porto de Galinhas é dado por

$$h(t) = 1{,}225 + 0{,}775\,sen\left(\frac{\pi}{6{,}22}t + \frac{473\pi}{1866}\right) \tag{1}$$

para *t* dado em horas, $t \in R$ e $0 \leq t \leq 24$, cuja representação gráfica está na figura 21.

A matemática do vai e vem das marés

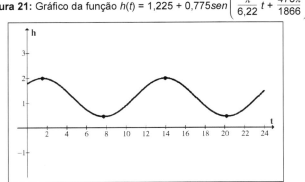

**Figura 21:** Gráfico da função $h(t) = 1{,}225 + 0{,}775\,sen\left(\dfrac{\pi}{6{,}22}t + \dfrac{473\pi}{1866}\right)$

A partir do modelo (1), é possível estudar o comportamento das marés no dia e na praia em questão. No site em que encontramos os valores para as marés, há um aviso àqueles que o consultam com vistas a conhecer a praia, de que a beleza e o encantamento das piscinas naturais, ponto turístico da praia de Porto de Galinhas, são visíveis quando a maré estiver a uma altura inferior a 0,8 metros. Logo, um problema passível de investigação frente ao modelo construído é: a que horas a visibilidade das piscinas naturais e seus milhares de peixes coloridos foi possível em Porto de Galinhas no dia 1º de janeiro de 2011?

Resolver esse problema implica resolver a inequação:

$$1{,}225 + 0{,}775\,sen\left(\dfrac{\pi}{6{,}22}t + \dfrac{473\pi}{1866}\right) < 0{,}8$$

$$sen\left(\dfrac{\pi}{6{,}22}t + \dfrac{473\pi}{1866}\right) < -\dfrac{17}{31}$$

Como recurso, podemos realizar uma aproximação de modo a facilitar os cálculos:

$$sen\left(\dfrac{\pi}{6{,}22}t + \dfrac{473\pi}{1866}\right) < -\dfrac{17}{31} < -\dfrac{16}{32} = -0{,}5$$

$$sen\left(\dfrac{\pi}{6{,}22}t + \dfrac{473\pi}{1866}\right) < -0{,}5$$

Neste momento, pode ser útil utilizar a circunferência trigonométrica (figura 22) como recurso para entender a resolução da inequação, já que o que nos interessa é saber em que intervalo da circunferência trigonométrica o seno é menor que –0,5.

63

**Figura 22:** Circunferência Trigonométrica – os valores em que o seno é igual ou menor à –0,5.

O que se pode perceber por meio da figura 22 é que

$$sen\left(\frac{7\pi}{6}+2k\pi\right) < sen\left(\frac{\pi}{6,22}t+\frac{473\pi}{1866}\right) < sen\left(\frac{11\pi}{6}+2k\pi\right), \text{ com } k \in Z$$

o que implica, por sua vez, em resolver a expressão

$$\frac{7\pi}{6}+2k\pi < \frac{\pi}{6,22}t+\frac{473\pi}{1866} < \frac{11\pi}{6}+2k\pi, \text{ com } k \in Z$$

em que obtemos $5,68 + 12,44\,k < t < 9,83 + 12,44.k,$ com $k \in Z$

Essa expressão nos informa os horários em que a altura da maré na Praia de Porto de Galinhas no dia 1º de janeiro de 2011 foi inferior a 0,8 metros: entre 5,68 horas e 9,83 horas (para $k$=0) e, também, entre 18,12 horas e 22,27 horas (para $k$=1). Os horários aproximados em que foi possível usufruir das piscinas naturais no primeiro dia de 2011 estão indicados no gráfico da figura 23, em que H1($t$=5h41min), H2($t$=9h50min), H3($t$=18h07min) e H4($t$=22h16min).

**Figura 23:** Modelo matemático que informa os horários de visibilidade das piscinas naturais

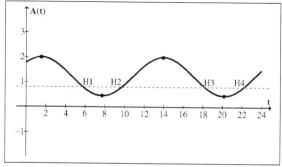

A atividade "A matemática do vai e vem das marés", além de abordar os conteúdos de equações, inequações e funções trigonométricas, pode ser útil para discutir tanto sobre a impossibilidade de um modelo único para descrever o movimento das marés de diferentes pontos da costa brasileira, sobre as influências que a dinâmica do posicionamento entre o Sol, a Lua e a Terra exerce sobre o movimento das marés, quanto sobre o conhecimento dos moradores da praia de Porto de Galinhas, que, embora não calculem, provavelmente, o horário de início e término dos momentos do dia em que é possível visitar as piscinas naturais, sabem predizer, dada a experiência, quais seriam esses horários aproximados.

---

### CONVERSANDO COM A SALA DE AULA

Podemos resumir a influência dos parâmetros $A$, $B$, $C$ e $D$ no gráfico da função $f(x) = B + A.sen\,(Cx + D)$ do seguinte modo:

$A$ – amplitude da função ("estica" ou "encolhe" em relação ao eixo y); influencia na imagem da função: $[-A\,,\,A]$;

$B$ – deslocamento vertical; influencia na imagem da função: $[-1+B\,,\,1+B]$;

$C$ – "estica" ou "encolhe" em relação ao eixo x; influencia no período da função: $p = \dfrac{2\pi}{|C|}$;

$D$ – deslocamento horizontal; não altera o período nem a imagem da função.

É por meio da análise dos gráficos que o professor pode conduzir uma investigação sobre a influência dos coeficientes $A$, $B$, $C$ e $D$ em $f(x) = B + A.sen\,(Cx + D)$ e, tal como na atividade, conforme as interpretações forem ocorrendo, o modelo vai sendo construído. A influência dos parâmetros é visualizada nos gráficos construídos com o uso de softwares computacionais livres, tais como o Graphmática, o Graph ou o Geogebra.

Outras atividades podem ser conduzidas com os alunos, tais como investigar quais as influências dos mesmos parâmetros nos gráficos das demais funções trigonométricas e qual o modelo que se obtém para a situação das marés quando optamos pela função cosseno.

O professor pode apresentar o modelo matemático do texto "As marés e a Trigonometria" e discutir as diferenças deste para o modelo obtido na sala de aula pelos alunos.

Modelagem Matemática na educação básica

---

**NESTA ATIVIDADE...**

**Situação inicial (problemática)**
O movimento das marés

**Inteiração**
*A leitura do texto*
*A análise dos dados sobre a maré na praia de Porto de Galinhas – Recife – Pernambuco*
*Definição do problema:*
- Como determinar a altura da maré em relação ao tempo no decorrer de um dia na praia de Porto de Galinhas?
- Qual o melhor horário para a visita dos turistas às piscinas naturais da praia de Porto de Galinhas, visando à observação dos peixes?

**Matematização e resolução**
*Definição de hipóteses*
- Consideramos o movimento das marés no decorrer de um dia, já que para períodos maiores teríamos que considerar que o movimento das marés sofre alterações no decorrer dos dias, influenciado pela dinâmica do posicionamento Lua-Sol-Terra, bem como teríamos de considerar a ocorrência das marés morta e grande.
- Consideramos o movimento das marés observado no primeiro dia do ano de 2011 na praia de Porto de Galinhas.
- O movimento das marés é um movimento periódico e, como tal, pode ser representado via uma função trigonométrica, no caso, uma função seno, considerando que os valores oscilam entre o mínimo de 0,45 metros e o máximo de 2 metros;

*Definição de variáveis*
$t$ – tempo medido em horas
$h(t)$ – altura da maré no tempo t

*Modelo matemático da situação*
$$h(t) = 1,225 + 0,775 sen\left(\frac{\pi}{6,22}t + \frac{473\pi}{1866}\right)$$ para $t$ dado em horas, $t \in R$ e $0 \leq t \leq 24$
*Matemática utilizada na atividade*
Função trigonométrica seno – foco na descrição da atividade
Equação trigonométrica seno
Inequação trigonométrica seno

**Interpretação e validação**
A função trigonométrica obtida permite descrever a altura das marés na referida praia.

**Situação final**
A conclusão de que é possível analisar a altura da maré na praia de Porto de Galinhas.

# NOTA

[1] Neste caso, uma regra de três faz a transformação de 6h13min para o número decimal 6,22h.

# UM PAPEL AQUI...
# UMA CASCA DE FRUTA ALI...
# LIXO JOGADO NAS RUAS

Pode ser considerado "lixo" todo e qualquer material descartado em decorrência das atividades humanas. O lixo que o ser humano produz inclui materiais como plástico, vidro, papel, madeira, borracha e restos de alimentos. Esses materiais quando depositados sobre o solo de forma inadequada, dentre os vários problemas ambientais e de saúde dos seres humanos, também são responsáveis em grande medida pelos alagamentos nos grandes centros em dias de chuva, considerando que podem entupir as galerias pluviais.

Levando em conta essa problemática, um professor dos anos iniciais do ensino fundamental, motivado pela ação de um aluno em levar para a escola um panfleto com propagandas do comércio que ele encontrou jogado na rua no caminho até a escola, propôs uma atividade de Modelagem Matemática cuja situação refere-se ao "Lixo jogado nas ruas", mais especificamente o lixo jogado nas ruas do bairro da escola.

Em meio aos assuntos e conteúdos discutidos em decorrência desse fato, voltamos nossa atenção para a atividade realizada na aula de Matemática – uma atividade de Modelagem Matemática.

Nesse contexto, configurou-se o problema: Quanto lixo pode ser acumulado nas ruas de um bairro?

Frente a um problema sem informações quantitativas é necessário elaborar um plano de ação na busca por estas informações. Com essa finalidade, o lixo jogado nas ruas que contornam a quadra da escola foi recolhido em sacos plásticos para estimar a quantidade de lixo no bairro todo.

Após a coleta de lixo, foram realizadas medições de massa do material recolhido usando uma balança. Estimar as quantidades obtidas e manipular a balança a fim de confirmar ou não as estimativas, realizar a leitura do que se encontrou, somar as massas dos diferentes sacos de lixo de modo a obter o total recolhido são ações que foram realizadas pelos alunos.

Na situação em estudo foi aferido que a quantidade de lixo recolhido na quadra da escola é de 4,2kg, não separando lixo orgânico de lixo reciclável.

> **CONVERSANDO COM A SALA DE AULA**
>
> No âmbito do ensino fundamental I (1º ao 5º anos), as discussões podem se direcionar para aspectos como:
> - O que pode ser considerado "lixo"? Um galho de árvore derrubado pelo vento pode ser considerado lixo?
> - O lixo nas ruas do bairro é recolhido por funcionários da limpeza pública? Quantas vezes por semana realizam a limpeza?
> - Qual é o destino do lixo coletado nas ruas?
> - A cidade faz a coleta seletiva e reciclagem do lixo?

Na figura 24, apresentamos a vista superior da localização espacial da escola. As figuras 25 e 26 apresentam mapas do bairro em que se localiza a escola.

**Figura 24:** Vista superior da localização da escola
(o prédio da escola está em destaque no retângulo)

Fonte: Google Maps. Disponível em: <http://maps.google.com.br>. Acesso em: nov. 2009.

**Figura 25:** Vista superior da quadra em que se localiza a escola

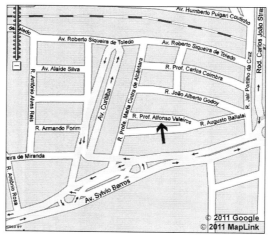

Fonte: Google Maps. Disponível em <http://maps.google.com.br>.
Acesso em: nov. 2011.

Para responder ao problema em estudo, que diz respeito ao lixo jogado nas ruas do bairro, levou-se em consideração o número de quadras do bairro com aspecto semelhante àquele da localização da escola. Para isso, foi preciso calcular a área da região em que fica a escola e a área do bairro. Nesse contexto, foi necessário utilizar o mapa do bairro e realizar algumas medições e simplificações.

---

**Conversando com a Sala de Aula**

Representar o espaço por meio de figuras planas permite aos alunos reconhecer a utilidade das ferramentas da geometria plana como úteis para investigar o espaço no qual estão inseridos. Esse momento pode ser utilizado para comparar o metro (unidade de medida convencional) com outras medidas não convencionais, como os passos dados pelos alunos.

---

Nessa atividade, a partir de suas medições, os alunos representaram a quadra da escola conforme mostra a figura 26.

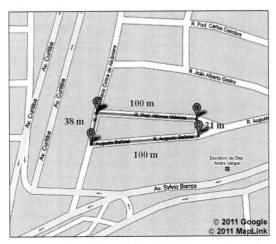

**Figura 26:** Vista superior da quadra em que se localiza a escola, com imagem ampliada e com as medidas encontradas pelos alunos

Fonte: Google Maps. Disponível em: <http://maps.google.com.br>. Acesso: nov. 2011.

---

**Conversando com a Sala de Aula**

Nesse texto, utilizamos as figuras de mapas obtidos do Google Maps. No entanto, em sala de aula, foi utilizado o mapa do bairro disponível na escola. Esse mapa foi colocado no chão e lido pelos alunos que ficavam em volta do mapa. Muitas das discussões sobre como estimar quantas vezes a escola "cabia" no bairro foram realizadas nesse momento.

Em caso de não ter computador disponível para visualizar o mapa do bairro, podem-se utilizar os mapas disponíveis na escola.

---

69

Considerando o nível de escolaridade dos alunos, para a representação do perímetro da quadra da escola, foram usados números inteiros para indicar as medidas dos lados do quadrilátero.

Calcular a área de um trapézio isósceles (forma geométrica associada à quadra da escola) de medidas 38m, 21m e 100m (figura 27), pode se configurar um novo problema para os alunos.

**Figura 27**: Representação da quadra da escola

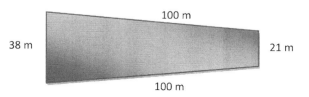

Considerando esse nível de escolaridade, configurou-se uma abordagem em que para o cálculo de áreas foi utilizado papel quadriculado, fazendo-se estimativas para essas medidas.

No papel quadriculado 1cm x 1cm, os alunos representaram a figura proporcionalmente às medidas reais. Para isso, utilizaram a escala de 1:1000, 1cm por 10m, o que implica considerar as medidas 3,8cm (para a medida de 38m), 2,1cm (para a medida de 21m), 10cm (para a medida de 100m). Além disso, foi feita a aproximação 4cm para a medida 3,8cm e 2cm para a medida 2,1cm (figura 28).

**Figura 28**: Representação da quadra da escola em papel quadriculado

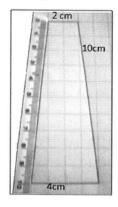

---

**CONVERSANDO COM A SALA DE AULA**

Com esta atividade é possível introduzir a noção de escala com os alunos, relacionando com a notação. No caso, a notação 1:1000 significa que 1cm do mapa corresponde a 1000cm na medida do terreno.

Escala, neste contexto, é uma relação existente entre as medidas no mapa e as distâncias lineares correspondentes no terreno.

A partir dessa representação – em papel quadriculado – como cada quadrado equivale a uma área de 10m x 10m, 100m², estima-se[1] a medida da superfície em 3000m². A estimativa, nesse caso, para alunos desse nível de escolaridade, é considerada boa.

Para encontrar o valor da área (30 quadrados internos à figura da quadra), os alunos realizaram um tratamento na representação inicial de modo a obter um retângulo de área aproximadamente equivalente ao trapézio inicialmente desenhado (figura 29).

**Figura 29:** Exemplo de tratamento dado pelos alunos à representação inicial da quadra em que se localiza a escola

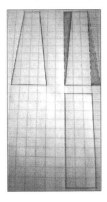

Assim, a quantidade de lixo jogado nas ruas que limitam a escola em questão é 4,2kg ou 4200g e a superfície investigada é 3000m².

Para calcular a quantidade de lixo que pode se acumular nas ruas do bairro, os alunos ajustaram o perímetro do bairro em que se localiza a escola pela "junção" de retângulos, formando uma única figura plana – um retângulo (figura 30).

**Figura 30:** Bairro em que se localiza a escola limitado pelo retângulo

71

A partir de então, calcularam quantas vezes a quadra da escola "cabe" no bairro. Para isso, cobriram a superfície limitada pelo retângulo com trapézios congruentes ao estudado (figura 31).

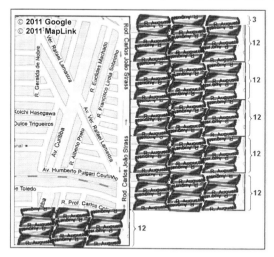

**Figura 31:** Estimativa de quantas vezes a quadra da escola "cabe" no bairro

Nesse caso, é possível encontrar a relação: A superfície do bairro em que se localiza a escola equivale a 75 superfícies da quadra em que se localiza a escola. Logo, segundo essa abordagem, no bairro em questão existe uma quantidade média de 75 x 4,2 = 315 quilogramas de lixo jogado nas ruas do bairro.

Outra abordagem que poderia ser adotada é calcular a medida da superfície do bairro, usando a proporção como ferramenta matemática para estimar o comprimento e a largura do retângulo que limita o perímetro, bem como uma régua e o mapa do bairro como recursos (figura 32). Então, a partir dos dados coletados, obter a quantidade média de lixo jogado nas ruas por metro quadrado e usar tal informação para responder ao problema inicial.

**Figura 32:** Estimativa para as medidas do retângulo que limita o bairro da escola

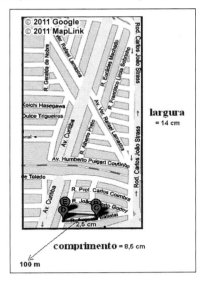

Se 2,5cm representam 100m (medida coletada para um dos lados do trapézio), para descobrir o comprimento e a largura do retângulo, os alunos poderiam utilizar a ideia de quantas vezes 2,5cm "cabem" em 8,5cm e em 14cm – abordagem para as séries iniciais, em que o conteúdo Regra de Três Simples pode não ter sido apresentado. Desse modo, encontrariam 340 metros de comprimento e 560 metros de largura e, portanto, a área encontrada para o bairro seria de 190400m².

Como a média de lixo, em quilogramas, por metro quadrado na área investigada é de 0,0014kg/m², a estimativa da quantidade de lixo existente nas ruas do bairro, segundo essa segunda abordagem, seria de 190400x0,0014=266,56kg, contra os 315kg obtidos na primeira abordagem.

Diante do processo de resolução do problema, pode-se construir um modelo matemático da situação que permita aos alunos estimar a quantidade de lixo jogado nas ruas de outros bairros e na cidade como um todo. Para isso, é preciso conhecer a área do bairro ou da cidade. Tal modelo matemático para a situação é:

Quantidade de lixo (kg) = 0,0014 x área da região em questão (m²)

Ou seja: $L(a) = 0,0014 \times a$

A ideia de função expressa no modelo matemático se torna interessante não tanto no sentido da notação utilizada, o que pode nem mesmo acontecer na investigação, mas porque estabelece uma relação entre variáveis, no caso, quantidade de lixo ($L$) e área da região da cidade investigada ($a$).

O pensamento algébrico que os alunos podem desenvolver na atividade refere-se à compreensão de que a mudança do valor de uma variável implica a mudança no valor da outra variável e que, nesse caso, esta dependência de variáveis respeita uma proporção direta que tem como constante de proporcionalidade 0,0014kg/m².

Modelagem Matemática na educação básica

---

### CONVERSANDO COM A SALA DE AULA

O professor pode adaptar essa atividade para a sua escola. No site do IBGE – Cidades@ <http:// www.ibge.gov.br/cidadesat> – é possível obter a área total de um município e estimar a quantidade de lixo jogado nas ruas no dia em que os dados são coletados. Essa situação pode-se constituir uma oportunidade para introduzir álgebra no caso em que símbolos representam variáveis. Acreditamos que tal abordagem seja interessante, uma vez que os obstáculos cognitivos na transição de variável para incógnita são diferentes e, a nosso ver, com custos menores do que nos obstáculos existentes na transição de incógnita para variável.

---

### NESTA ATIVIDADE...

**Situação inicial (problemática)**
Lixo jogado nas ruas do bairro da escola

**Inteiração**
*Aluno traz panfleto jogado na rua do caminho da escola*
*Coleta de lixo pelos alunos*
*Leitura de mapas (mapas da escola e acesso ao Google Maps)*
*Definição do problema:*
Quanto lixo pode se acumular nas ruas de um bairro?

**Matematização e resolução**
*Definição de hipóteses*
- Quantidade de lixo recolhida na quadra da escola é de 4,2 kg;
- A quadra da escola assemelha-se a uma figura plana (trapézio isósceles).

*Definição de variáveis*
Variável independente: a área $a$ (em m$^2$)
Variável dependente: $L$ quantidade de lixo (em kg)

*Modelo matemático da situação*
$L = 0,0014 \times a$
*Matemática utilizada na atividade*
Área de figuras planas
Definição de escala
Conversão entre unidades de medidas
Proporção
Uma breve introdução de função do primeiro grau

**Interpretação e validação**
Aproximação de figuras para o cálculo de áreas e para determinar quantidades de lixo.
A validação, nesse caso, decorre de uma comparação entre os valores para as quantidades de lixo obtidas com os valores que podem ser informados pelos coletores de lixo da cidade.

**Situação final**
A determinação da quantidade aproximada de lixo jogado nas ruas do bairro.

# NOTA

[1] O valor 2939,32m$^2$ é a área encontrada utilizando-se a fórmula da área do trapézio e o Teorema de Pitágoras, este último usado para determinar a altura desse trapézio – conteúdos trabalhados, geralmente, nas séries finais do ensino fundamental. A abordagem do problema por meio do Teorema de Pitágoras e da fórmula para o cálculo da área do trapézio seria um encaminhamento oportuno para se realizar com turmas das séries finais do ensino fundamental.

# A SEGURANÇA ELETRÔNICA EM QUESTÃO: CERCA ELÉTRICA

Cercas elétricas vêm sendo amplamente utilizadas na Europa e nos Estados Unidos desde 1930. No Brasil, o uso desse equipamento tornou-se mais significativo a partir da década de 1990.

A finalidade inicialmente proposta para a cerca elétrica era dividir áreas de pastagens e lavouras. Atualmente, ela é utilizada para auxiliar na segurança em residências, estabelecimentos comerciais e industriais, entre outros locais.

O aumento do índice de violência, tanto no campo como na cidade, requer equipamentos de segurança mais sofisticados. Portões altos, muros com pedaços de vidro, grades na janela não são mais suficientes para evitar que residências e estabelecimentos comerciais sejam invadidos. A cerca elétrica é uma alternativa para ampliar o nível de segurança.

Em áreas residenciais, a cerca elétrica costuma ser ligada a uma central, capaz de emitir descarga elétrica suficiente para impulsionar uma pessoa para longe. O choque, nome popular dessa descarga elétrica, afugenta o intruso sem causar maiores danos e, se os fios forem cortados, um alarme é acionado.

---

**PARA ALÉM DA MATEMÁTICA**

Há dois tipos de cerca elétrica à disposição no mercado: monitorada e não monitorada. A cerca monitorada é aquela que permite a integração com uma central de alarme, que pode estar ligada ou não externamente a uma empresa de segurança eletrônica, podendo, também, acionar alarmes e luzes quando tocada. Já a cerca não monitorada é aquela que possui as mesmas características da anterior, porém não está ligada a uma central de alarme.

Em ambos os casos há recomendações importantes para a instalação da cerca elétrica: deve estar instalada em locais altos (muros com no mínimo 2m de altura); deve ficar voltada para o interior da área que se quer proteger; não pode ficar em contato com vegetação, como árvore, folhagens etc.; e deve estar sinalizada.

---

Considerando o interesse em tratar da instalação de cercas elétricas na aula de Matemática, estudantes[1] obtiveram a informação de que estão disponíveis duas opções de serviços para instalação de cercas elétricas residenciais, conforme quadro 2.

Modelagem Matemática na educação básica

**Quadro 2:** Preços de kits (pronto e a montar) para instalação de cercas elétricas residenciais

| Conteúdo | Opção 1 (kit pronto) | Opção 2 (kit a montar) |
|---|---|---|
| Central | | R$ 180,00 |
| Bateria | | R$ 60,00 |
| Sirene | R$ 370,00 | R$ 25,00 |
| Haste de aterramento | | R$ 35,00 |
| Cerca (20 metros com 4 fios) | | |
| Valor do metro de cerca (4 fios) | R$ 5,00 | R$ 4,50 |

---

**CONVERSANDO COM A SALA DE AULA**

Os alunos podem obter informações de valores e kits em empresas de instalação de cercas elétricas da cidade e a partir delas desenvolver a atividade.

Na situação em estudo, optou-se por kits compostos por uma central, uma bateria, uma sirene e uma haste de aterramento. Variações na quantidade de cada um desses componentes podem ocorrer de acordo com a extensão da área cercada.

---

Na situação são consideradas as informações:

- Na opção 1, o valor do kit é de R$370,00, e paga-se R$5,00 por metro de cerca que exceder 20m;
- Na opção 2, tem-se um valor fixo de R$300,00 e cada metro de cerca custa R$4,50.

A partir dessas informações, qual a opção mais vantajosa para um cliente que deseja instalar esse equipamento de segurança?

Consideramos o comprimento da cerca $l$, dado em metros, como variável independente e o custo do kit 1 $(C_1)$ e o custo do kit 2 $(C_2)$, dados em reais, como variáveis dependentes.

A fim de comparar os valores das opções, construímos a tabela 4 e a tabela 5 que apresentam o custo de cada kit de acordo com o comprimento da cerca.

**Tabela 4:** Custo $(C_1)$ da cerca usando a opção 1

| $l$ (em m) | $C_1$ |
|---|---|
| 1 a 20 | 370 |
| 21 | 370 + 5 = 370 + 1.5 |
| 22 | 370+5+5 = 370 + 2.5 |
| 23 | 370+5+5+5 = 370 + 3.5 |
| 24 | 370+5+5+5+5= 370 + 4.5 |
| 25 | 370+5+5+5+5+5 = 370 + 5.5 |
| ⋮ | ⋮ |
| $l$ | 370+($l$-20)5 |

76

**Tabela 5:** Custo ($C_2$) da cerca usando a opção 2

| $l$ | $C_2$ |
|---|---|
| 1 | 300 + 4,50 = 300 + 1 . 4,50 |
| 2 | 300 + 4,50 + 4,50 = 300 + 2. 4,50 |
| 3 | 300 + 4,50 + 4,50 + 4,50 = 300 + 3. 4,50 |
| 4 | 300 + 4,50 + 4,50 + 4,50 + 4,50= 300 + 4. 4,50 |
| ⋮ | ⋮ |
| $l$ | 300 + 4,50 + 4,50 + 4,50 +...+ 4,50 = 300+4,50 $l$ |

A partir dos dados das tabelas, podemos escrever as representações algébricas para o custo da cerca elétrica em cada opção, como sendo:

$$C_1(l) = \begin{cases} 370 & , se \quad 0 < l \leq 20 \\ 370 + 5\,(l-20) & , se \quad l > 20 \end{cases}$$

$$C_2(l) = 300 \;+\; 4,5\, l \quad \text{para } l > 0$$

A representação gráfica desses modelos é apresentada na figura 33.

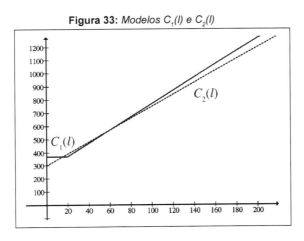

**Figura 33:** Modelos $C_1(l)$ e $C_2(l)$

A análise da figura 33 remete à discussão sobre qual opção é mais vantajosa para a instalação de uma cerca elétrica residencial. Os gráficos sinalizam que em dois pontos (que correspondem a comprimentos de cerca e seu custo) esses custos são iguais. Resta determinar quais são esses pontos e realizar a discussão sobre a vantagem de uma opção ou outra. Para isso, fazemos $C_1(l) = C_2(l)$

Na análise dessa igualdade, na situação em estudo, temos que considerar dois intervalos para o comprimento de cerca, pois $C_1(l)$ é uma função definida por duas sentenças.

Para o caso em que $0 < l \le 20$, $C_1(l) = 370$ e $C_2(l) = 300 + 4{,}5l$

Da igualdade $C_1(l) = C_2(l)$, segue que $370 = 300 + 4{,}5l$, ou seja, $l = 15{,}56m$

Assim, para $l = 15{,}56m$ o custo para as duas opções é R$ 370,00.

Já para o caso em que $l > 20$, $C_1(l) = 370 + 5(l + 20)$ e $C_2(l) = 300 + 4{,}5l$ a igualdade $C_1(l) = C_2(l)$ implica em

$370 + 5(l + 20) = 300 + 4{,}5l$

$370 + 5l - 100 = 300 + 4{,}5l$

$0{,}5l = 300 - 270$

$l = 60$m

Portanto, para $l = 60m$ o custo para as duas opções é R$570,00.

### INTERSEÇÃO DE RETAS E SOLUÇÃO DE UM SISTEMA DE EQUAÇÕES

Todo ponto de interseção de duas retas $r$ e $s$ no plano satisfaz as equações de ambas as retas. Para determinar este ponto $P(x_0, y_0)$ de interseção entre duas retas concorrentes resolvemos o sistema formado por suas equações.

Sejam as retas: $r\colon a_1 x + b_1 y + c_1 = 0$ $s\colon a_2 x + b_2 y + c_2 = 0$, a sua interseção é a solução do sistema de equações:

$$\begin{cases} a_1 x + b_1 y + c_1 = 0 \\ a_2 x + b_2 y + c_2 = 0 \end{cases}$$

Se considerarmos, por exemplo, as equações $y = x+1$ e $y = -2x+2$, podemos escrever o sistema:

$$\begin{cases} x - y + 1 = 0 \\ -2x - y + 2 = 0 \end{cases}$$

cuja solução é o ponto $A = \left(\dfrac{1}{3}, \dfrac{4}{3}\right)$ e a representação gráfica é dada conforme a figura a seguir.

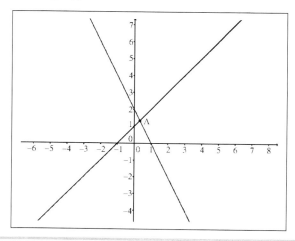

## A segurança eletrônica em questão: cerca elétrica

> **USANDO O COMPUTADOR: GEOGEBRA**
>
> O ponto de interseção entre duas funções também pode ser encontrado utilizando uma ferramenta computacional. O software GeoGebra possibilita a realização desse cálculo.
> 1) Inserem-se as funções, uma de cada vez, na Linha de Comandos.
>     No primeiro caso, em que o custo da cerca elétrica é uma função definida por duas sentenças, é preciso separar em duas sentenças que chamaremos de $f$ e $g$. Além disso, como cada função está definida para um intervalo é preciso inserir o comando "função[<função.,<intervalo da função>]".
>     Dessa forma:
>     para a primeira sentença digita-se f(x)=função[370 , 0,20];
>     para a segunda sentença digita-se g(x)=função[370+5*(x-20),20,250].
>
>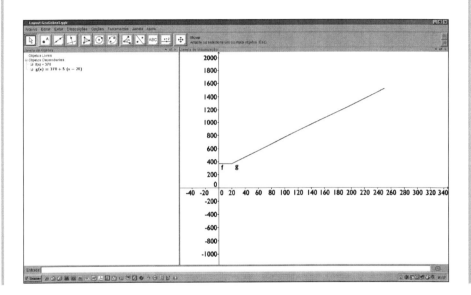

79

No segundo, utiliza-se a função h(x)=função[300+4.5*x,0,250].

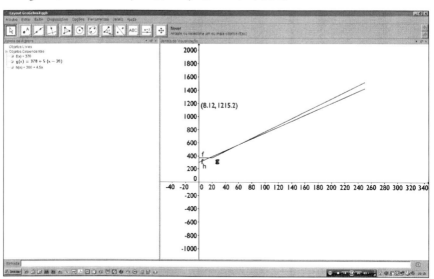

2) Como as funções se interceptam em dois pontos, para encontrar o ponto interseção entre as funções *f* e *h*, utiliza-se a ferramenta *Interseção de dois objetos*. Selecionando com o cursor cada uma das funções, obtém-se o ponto A(15,56 , 370).

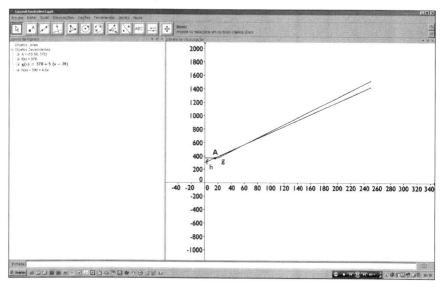

3) O mesmo procedimento é realizado para as funções *g* e *h*, obtendo o ponto B(60 , 570).

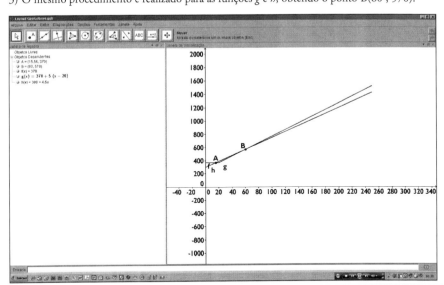

Retomando a problemática do custo de instalação da cerca elétrica, podemos concluir que:
- para $0 < l < 15,56m$, a opção 2 é mais vantajosa;
- para $15,56 < l < 60m$, a opção 1 é mais vantajosa;
- para $l > 60m$, a opção 2 é mais vantajosa.

Cabe, portanto, ao usuário a decisão por uma das opções disponíveis, considerando a extensão da cerca que se pretende instalar.

**Nesta atividade...**

**Situação inicial (problemática)**
Instalação de cerca elétrica

**Inteiração**
*Coleta de dados em empresa da cidade:*
Na opção 1, o valor do kit é de R$370,00 e paga-se R$5,00 por metro de cerca que exceder 20m.
Na opção 2, tem-se um valor fixo de R$300,00 e cada metro de cerca custa R$4,50.

*Definição do problema:*
Dentre os kits ofertados, qual a opção mais vantajosa para um cliente que deseja instalar cerca elétrica em sua residência?

81

**Matematização e resolução**

*Definição de variáveis*
Variável independente: $l$ comprimento da cerca, em metros
Variáveis dependentes: $C_1$ custo do kit 1, em reais
$\qquad\qquad\qquad\quad$ $C_2$ custo do kit 2, em reais
*Construção das funções para os diferentes kits*
*Representação gráfica das funções*
*Determinação da interseção das duas funções*

*Modelo matemático da situação*

$$C_1(l) = \begin{cases} 370, & \text{se } 0 < l \le 20 \\ 370 + 5(l - 20), & \text{se } l > 20 \end{cases}$$

$C_2(l) = 300 + 4,5l$, para $l > 0$

*Matemática utilizada na atividade*
Sistema de equação linear
Interseção de retas
Inequação linear

**Interpretação e validação**
A interseção entre as retas corresponde ao valor para o qual o preço dois kits é igual. A partir dessa informação cada usuário pode optar pela opção mais vantajosa do ponto de vista econômico.

**Situação final**
Em virtude do tamanho da cerca, o usuário pode escolher a melhor opção (econômica) para a instalação da cerca.

# NOTA

[1] Essa atividade foi desenvolvida por estudantes de um curso de especialização em Educação Matemática com vistas a discutir o uso da Modelagem Matemática na educação básica.

# PARA O LANCHE: VAI UMA PIPOCA AÍ?

O milho de pipoca se caracteriza por possuir grãos pequenos e duros que têm a capacidade de estourar quando aquecidos em torno de 180 °C, diferenciando-se, desse modo, do milho comum.

As embalagens de milho de pipoca para serem estouradas no forno de micro-ondas apresentam, em geral, a seguinte informação: "O tempo ideal para retirar a pipoca do forno de micro-ondas varia entre 2 e 5 minutos, dependendo da potência do forno. Mas em geral, o instante ideal para tirar o pacote do micro-ondas é quando o tempo entre um estouro e outro for superior a 2 segundos".

Os fornos de micro-ondas geralmente possuem um botão para programar o tempo de preparo das pipocas. Os alunos[1], nessa atividade, estavam interessados em observar a adequação desse tempo, considerando que o fabricante deve ter feito um trabalho empírico para implementar esse tempo nos fornos de micro-ondas fabricados.

Com essa finalidade, um grupo de alunos estourou quatro pacotes de 100g de milho de pipoca de mesma marca em um forno de micro-ondas cujo tempo programado para preparo da pipoca é de 2 minutos e 50 segundos, ou seja, 170 segundos.

Utilizando uma balança digital mediu-se a massa de 100 grãos de milho de pipoca, obtendo a medida aproximada de 14g. Então, um pacote de pipoca de 100g contém 715 grãos de milho de pipoca, aproximadamente.

Vale ressaltar que nessa atividade a coleta de dados foi uma "produção" de dados. Ou seja, a partir do interesse dos alunos e de informações na embalagem do pacote de pipocas, os dados necessários para resolver o problema foram produzidos. Os dados coletados constam na tabela 6.

**Tabela 6**: Dados obtidos com o preparo de quatro pacotes de pipoca

| Pacote de pipoca | Quantidade inicial de milho (grãos) | Instante do primeiro estouro (em segundos) | Instante em que o pacote foi retirado do micro-ondas (em segundos) | Grãos que não estouraram |
|---|---|---|---|---|
| Pacote 1 | 715 | 96 | 170 | 52 |
| Pacote 2 | 715 | 97 | 170 | 75 |
| Pacote 3 | 715 | 92 | 170 | 63 |
| Pacote 4 | 715 | 98 | 170 | 40 |

Embora o forno de micro-ondas tenha determinado um tempo para a permanência do pacote de pipocas a serem estouradas, é preferível retirar antes desse período de tempo para evitar a queima das pipocas estouradas.

Experimentalmente, observa-se que, iniciado o processo de estouro intenso das pipocas, a velocidade de transformação do milho em pipoca vai diminuindo na medida em que a quantidade de grãos que ainda não estouraram diminui. Ou ainda, quanto menos grãos têm para estourar, menor é a velocidade com que eles estouram.

Assim, podemos pensar que a variação do número de grãos que se transformam em pipoca é proporcional ao número de grãos que ainda não se transformaram em pipoca.

Se $P_n$ é o número de grãos que ainda não se transformaram em pipoca no instante $n$, e $P_{n+1}$ o número de grãos que ainda não são pipoca no instante $n+1$, então $P_n - P_{n+1}$ corresponde ao número de grãos que estouram entre os instantes $n$ e $n+1$.

Número de grãos que estouraram entre os instantes *n* e *n+1*

Usando linguagem matemática, portanto, podemos escrever

$$P_n - P_{n+1} = kP_n$$

Assim,
$P_n - P_{n+1} = kP_n$
$P_{n+1} = P_n - kP_n$
$P_{n+1} = P_n(1 - k)$
para $n = 0$, $P_1 = P_0(1 - k)$
para $n = 1$, $P_2 = P_1(1 - k) = P_0(1 - k)(1 - k) = P_0(1 - k)^2$
para $n = 2$, $P_3 = P_2(1 - k) = P_0(1 - k)^2(1 - k) = P_0(1 - k)^3$
para $n = 3$, $P_4 = P_3(1 - k) = P_0(1 - k)^3(1 - k) = P_0(1 - k)^4$

Usando o princípio da indução finita, para um instante $n$ qualquer de tempo (em segundos), podemos escrever

$P_n = P_0(1 - k)^n$

Usando os dados do nosso problema temos: $P_n = 715(1 - k)^n$

A partir da terceira coluna da tabela 6, é possível considerar que o tempo médio para que as pipocas comecem a estourar é de aproximadamente $t = 96$ segundos. Assim podemos pensar $P_n$ para $t \geq 96$ segundos o que corresponde dizer $n = t - 96$.

Portanto, para um tempo $t$ qualquer, podemos escrever:

$$P(t) = \begin{cases} 715 & \text{se } 0 < t < 96 \\ 715(1 - k)^{t-96} & \text{se } t \geq 96 \end{cases} \qquad (1)$$

onde $t$ é o tempo em que o pacote foi retirado do forno de micro-ondas e $P(t)$ é o número de grãos de pipoca que não estouraram até esse instante.

Para determinar o valor do parâmetro $k$ na expressão (1), usamos um dos valores do conjunto de dados observados.

Todos os pacotes foram retirados somente após o término do tempo programado no forno de micro-ondas, ou seja, 170 segundos. Nesse caso, não aconteceu de a pipoca parar de estourar antes do tempo indicado no forno de micro-ondas, de modo que a sugestão da embalagem de retirar o pacote do micro-ondas quando o tempo entre um estouro e outro é superior a 2 segundos não foi usada.

A quantidade $P(t)$ de grãos não estourados (coluna 5 da tabela 6), entretanto, varia de um pacote para outro. Assim, usamos o valor médio dessas quantidades que corresponde a 58 grãos.

Podemos escrever:

$$58 = 715(1-k)^{170-96}$$

$$(1-k)^{74} = \frac{58}{715}$$

Nesse caso, precisamos encontrar o valor de $(1-k)$ que é a base da primeira sentença da função (1). Para isso, utilizamos a operação inversa da exponencial que é o logaritmo. Assim, temos

$$\log((1-k)^{74}) = \log\left(\frac{58}{715}\right) \tag{2}$$

Pela propriedade $\log a^b = b \log a$, podemos reescrever a expressão (2) como

$$74\log(1-k) = \log\left(\frac{58}{715}\right)$$

$$\log(1-k) = \frac{\log\left(\frac{58}{715}\right)}{74}$$

Para encontrar o valor da base $(1-k)$, calculamos o logaritmo na base 10, ou seja, $\log a = x \Leftrightarrow a = 10^x$. Logo

$1 - k = 0{,}9667$

Considerando $1 - k = 0{,}9667$ na função definida por duas sentenças (1), encontramos o modelo matemático

$$P(t) = \begin{cases} 715 & \text{se } 0 < t < 96 \\ 715\,(0{,}9667)^{t-96} & \text{se } t \geq 96 \end{cases} \tag{3}$$

cuja representação gráfica é apresentada na figura 34.

**Figura 34:** Números de grãos que não se transformam em pipoca no decorrer do tempo

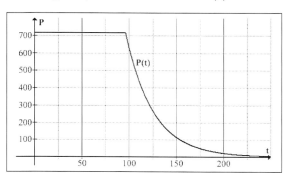

### Conversando com a Sala de Aula

Os alunos podem obter os dados experimentalmente estourando eles mesmos pacotes de mesma marca de pipoca em um mesmo forno de micro-ondas.
O tempo programado varia de um forno de micro-ondas para outro.

Retomamos o problema da análise do tempo determinado pelo forno de micro-ondas e a condição dada nas embalagens de que a pipoca deve ser retirada no momento em que o tempo entre um e outro estouro é superior a dois segundos. Usando linguagem matemática, podemos considerar que entre os instantes $t$ e $t + 2$ haverá apenas um estouro.
Assim,
$P(t) - P(t + 2) = 1$
Usando o modelo matemático (3) escrevemos

$715\,(0,9667)^{t-96} - 715\,(0,9667)^{t-94} = 1$

$715\,(0,9667)^{t-96}[1-(0,9667)^2] = 1$

$715\,(0,9667)^{t-96}(0,0656) = 1$

$46,94\,(0,9667)^{t-96} = 1$

$(0,9667)^{t-96} = \dfrac{1}{46,94}$

$(0,9667)^{t-96} = 0,02131$

$\log(0,9667)^{t-96} = \log(0,02131)$

$(t-96)\,\log(0,9667) = \log(0,02131)$

$(t-96) = \dfrac{\log(0,02131)}{\log(0,9667)}$

$t - 96 \cong 113$

$t \cong 209$ segundos

É provável que para a marca de pipoca utilizada na atividade de Modelagem Matemática seria mais adequado um tempo maior para que as informações da embalagem fossem satisfeitas. Ou seja, para ser possível retirar o pacote de pipoca no momento em que o tempo entre um estouro e outro é superior a 2 segundos, o tempo do forno de micro-ondas deve ser 209 segundos, que corresponde a 3 minutos e 29 segundos enquanto o forno indica um tempo de 170 segundos que corresponde a 2 minutos e 50 segundos para a retirada da pipoca.

Nesse sentido, o tempo indicado no micro-ondas, inferior àquele que obtivemos, pode representar um cuidado para que as pipocas não queimem. Pipoca queimada no lanche não é bom!

---

### Nesta atividade...

**Situação inicial**
Averiguar o tempo indicado no micro-ondas para estourar pipocas

**Inteiração**
*Estourar as pipocas para a coleta de dados*
*Definir o micro-ondas, o tipo de pipoca*
*Coletar as informações sobre a quantidade de pipocas em cada pacote*
*Informações*
1) Um pacote de pipoca de 100g tem 715 grãos.
2) Retira-se a pipoca do micro-ondas quando o tempo entre um e outro estouro ultrapassar 2 segundos.
3) O tempo programado no forno de micro-ondas é de 3 minutos e 30 segundos.

*Definição do problema:*
Determinar o tempo ideal para se deixar um pacote de pipoca de 100g em um forno de micro-ondas.

**Matematização e resolução**
*Definição da hipótese*
A variação do número de grãos que se transformam em pipoca é proporcional ao número de grãos que ainda não se transformaram em pipoca.

*Definição das variáveis*
Variável independente: $t$, tempo em segundos
Variável dependente: $P(t)$, número de grãos que não se transformaram em pipoca no instante $t$

*Tradução de linguagens*
A variação do número de grãos que se transformam em pipoca é proporcional ao número de grãos que ainda não se transformaram em pipoca = $P_n - P_{n+1} = k\,P_n$

*Uso do princípio da indução*
*Modelo matemático da situação* $P(t) = \begin{cases} 715 & \text{se } 0 < t < 96 \\ 715\,(0,9667)^{t-96} & \text{se } t \geq 96 \end{cases}$

*Determinação do tempo para estouro para as pipocas estouradas na experiência matemática utilizada na atividade*
Função definida por duas sentenças
Operações com logaritmos
Operações com exponenciais

### Interpretação e validação

É provável que, para a marca de pipoca utilizada na atividade de Modelagem Matemática, seja mais adequado um tempo maior para que as informações da embalagem sejam satisfeitas. Ou seja, para ser possível retirar o pacote de pipoca no momento em que o tempo entre um estouro e outro é superior a 2 segundos, o tempo do forno de micro-ondas deve ser de 209 segundos, que corresponde a 3 minutos e 29 segundos, enquanto o forno indica um tempo de 170 segundos, que corresponde a 2 minutos e 50 segundos para a retirada da pipoca.

Nesse sentido, o tempo indicado no micro-ondas, inferior àquele que obtivemos, pode representar um cuidado para que as pipocas não queimem.

### Situação final

A verificação da adequação do tempo indicado no micro-ondas.

## NOTA

[1] Essa atividade foi desenvolvida com uma turma do 2º ano do ensino médio e corresponde ao segundo momento da atividade de Modelagem Matemática conforme apresentamos na Parte I.

# MEDINDO A QUANTIDADE DE CHUVA

A medição da quantidade de água que cai em uma região é dita pluviometria e é expressa em milímetros ou em litros por metro quadrado. O aparelho que mede a quantidade de chuva é o pluviômetro.

Considerando o interesse em entender o significado da medida em milímetros da quantidade de chuva anunciada em noticiários, de posse de um pluviômetro experimental construído artesanalmente, estamos interessados em estabelecer uma relação entre a quantidade de água de chuva acumulada no pluviômetro (medida em centímetros de altura) e a quantidade de chuva em milímetros anunciada. Com essa finalidade, construímos uma escala para o pluviômetro.

Com essa relação, o problema consiste em determinar a quantidade de chuva, em milímetros, em uma região qualquer usando um pluviômetro experimental.

### PLUVIÔMETRO EXPERIMENTAL

De modo geral, um pluviômetro experimental consiste de um recipiente cilíndrico ao qual está acoplado um receptor na forma de funil, cuja boca é uma região circular de diâmetro relativamente maior do que aquele do cilindro. Ao cilindro armazenador é adicionada uma espécie de medidor, uma escala, que possui o objetivo de medir a quantidade de água depositada no cilindro.

O termo utilizado para se referir à quantidade de chuva durante um período de tempo aferida pela pluviometria é "pluviosidade" e a unidade de medida que indica a pluviosidade é o milímetro (mm). À pluviosidade de 1mm corresponde a queda de 1 litro (L) de água em uma região de 1m².

A pluviosidade de 1mm corresponde ao volume de uma caixa de base quadrada com 1m de lado e altura de 1mm.

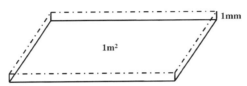

Assim, o volume $V_c$ da caixa é dado por:
$V_c$ = área da base x altura
$V_c = 1m^2$ x $1mm$
$V_c = 1m^2$ x $0,001m = 0,001m^3$
$V_c = 1dm^3 = 1L$

Para determinar a quantidade de chuva usando o pluviômetro experimental, é preciso, inicialmente, construir uma escala para relacionar as medidas de pluviosidade, dada em milímetros de chuva e a altura da água acumulada no cilindro armazenador do pluviômetro, dada em centímetros.

Para construir a escala, consideramos um pluviômetro experimental (figura 35) em que:

**Figura 35**: Pluviômetro experimental da situação em estudo

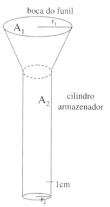

$A_1$: área da boca do funil (dada em m²);
$A_2$: área do cilindro armazenador;
$r_1$: raio da boca do funil;
$r_2$: raio do cilindro armazenador;
$V$: volume de parte do cilindro armazenador, considerando altura de 1cm;
$P$: pluviosidade (L/m²)

Para usar o pluviômetro é preciso associar a pluviosidade, dada em milímetros, a uma escala, dada em centímetros, visando identificar no volume de água do cilindro armazenador a pluviosidade em milímetros de água.

A área em que se recolhe a chuva é a área de abertura do funil de raio $r_1$. A água que passa no funil deposita-se no cilindro circular reto de raio $r_2$.

A pluviosidade medida em milímetros corresponde à quantidade de água de chuva em litros por metro quadrado (L/m²), de tal modo que 1mm de pluviosidade corresponde a 1L/m² de água.

Nesses termos, considerando pluviosidade $\rho$ de água depositada na altura de 1cm do cilindro armazenador do pluviômetro, podemos escrever:

$$\rho = \frac{\text{volume do cilindro com um centímetro de altura}}{\text{área da boca do funil}} \text{ ou seja } \rho = \frac{V}{A_1}$$

Nessa atividade, o cilindro armazenador consiste em um cilindro circular reto e a boca do funil é equivalente a um círculo.

## ÁREA DO CÍRCULO - CURIOSIDADE
## VOLUME DO CILINDRO RETO

**Círculo** é uma figura plana limitada por uma circunferência, ou seja, é a reunião da circunferência com todos os pontos que estão em seu interior.
Da mesma forma que o comprimento da circunferência, a área do círculo depende da medida do raio do círculo.
Uma forma de estudar a obtenção de uma fórmula para determinar a área do círculo pode ser por meio da atividade:
Vamos dividir o círculo em 12 partes, por exemplo; cada uma dessas partes denomina-se setor circular e cada um deles tem raio r.
A soma dos lados dessas 12 regiões aproxima-se da do comprimento da circunferência dado por $2\pi r$

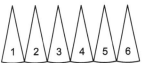

Pegando a metade destes setores, obtemos uma região como na figura:

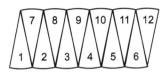

Pegando também a outra metade, encaixando-a sem deixar espaços, obtemos a figura:

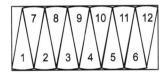

Esta figura está próxima de região retangular cuja área se aproxima da área do círculo.

Dividindo o círculo em uma quantidade cada vez maior de setores circulares, e agrupando esses setores como fizemos, aproximamos a área do círculo da área do retângulo de medidas $\pi r$ e $r$

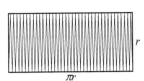

Podemos assim considerar que: Área do retângulo = Área do círculo
Já sabemos que: *Área do retângulo = base x altura*
Portanto, usando as medidas do retângulo temos que

*Área do retângulo* = $\pi r\, r$ ou seja, *Área do círculo* = $\pi r^2$

O conceito matemático que fundamenta esta "aproximação" é o conceito de limite. Ou seja, na verdade, a ideia de limite nos permite aproximar o perímetro da circunferência pelo perímetro do polígono regular inscrito nessa circunferência, à medida que o número de lados do polígono aumenta. O mesmo ocorre com o cálculo da área do círculo, pois à medida que o número de lados da região poligonal inscrita aumenta, as áreas dessas regiões se aproximam da área do círculo. Assim, a área do círculo é o valor limite da sequência das áreas das regiões poligonais regulares inscritas no círculo quando o número $n$ de lados das poligonais aumenta arbitrariamente.

**Cilindro** é um sólido geométrico gerado pela superfície de revolução de um retângulo ao redor de um de seus lados.
Entre os diferentes tipos de cilindros que podemos encontrar, o mais comum é o cilindro circular reto. Para construir um cilindro circular reto em Matemática, consideramos dois planos paralelos distintos $\alpha$ e $\beta$, uma reta s secante a esses planos e perpendicular aos planos e um círculo C de centro O contido no plano $\alpha$. Consideremos todos os segmentos de reta, paralelos a s, de modo que cada um deles tenha um extremo pertencente ao círculo C e o outro extremo pertencente ao plano $\beta$.
A reunião de todos esses segmentos de reta é um sólido chamado de cilindro circular reto limitado de bases C e C' ou simplesmente cilindro circular reto.
A reta s é denominada *geratriz* do cilindro.

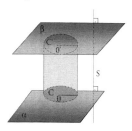 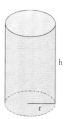

Levando em consideração o cálculo do volume do cilindro, é essencial identificar os elementos:
• Bases: são as regiões circulares C e C'.
• Altura: a altura de um cilindro é a distância entre os dois planos paralelos que contêm as bases do "cilindro" (h).
• Raio: é o raio da base circular (r).
Volume do cilindro: considerando o volume de um sólido regular qualquer, sabemos que
**Volume = Área da base x altura**
Assim, considerando os elementos do cilindro temos que
$$V = A_{base} h \Rightarrow V = \pi r^2 h$$
onde $r$ é o raio da base e $h$ é a altura do cilindro.

Sabendo que o volume do cilindro reto $V = \pi r_2^2 h$ e que a área da boca do funil é um círculo cuja área é $A_1 = \pi r_1^2$, retomamos ao cálculo da pluviosidade $\rho$ de água depositada na altura de 1cm do cilindro armazenador.

Como a área da boca do funil é dada em m², precisamos fazer a transformação de cm para m. Podemos considerar que 1cm equivale a 0,01m. Assim, temos

$$\rho = \frac{\pi r_2^2 h}{\pi r_1^2} \quad \rho = \frac{0,01 \pi r_2^2}{\pi r_1^2} \quad \rho = \frac{0,01 r_2^2}{r_1^2} = 0,01 \left(\frac{r_2^2}{r_1^2}\right) = 0,01 \left(\frac{r_2}{r_1}\right)^2$$

$$\rho = 10 \left(\frac{r_2}{r_1}\right)^2 mm$$

em que $\rho$ corresponde à pluviosidade, $r_1$ é o raio da boca do funil e $r_2$ é o raio do cilindro armazenador.

Assim, encontramos o equivalente em milímetros de água de chuva para cada centímetro de altura de água depositada no cilindro armazenador do pluviômetro. Ou seja, quando no cilindro armazenador de um pluviômetro experimental tivermos água depositada a uma altura de 1cm, significa que choveu $10\left(\dfrac{r_2}{r_1}\right)^2 mm$.

Para construir a escala de um pluviômetro experimental com medidas quaisquer, utilizamos uma regra de três simples[1], pois estamos trabalhando com grandezas diretamente proporcionais, em que queremos determinar a que altura do cilindro armazenador temos $\rho = 1mm$ correspondente a água da chuva que caiu em determinada região.

1cm na escala ———— $10\left(\dfrac{r_2}{r_1}\right)^2 mm$ de pluviosidade

$h$ cm na escala ———— 1mm de pluviosidade

$$10\left(\frac{r_2}{r_1}\right)^2 h = 1$$

$$\left(\frac{r_2}{r_1}\right)^2 h = \frac{1}{10}$$

$$h = \frac{1}{10}\left(\frac{r_1}{r_2}\right)^2$$

$$h = 0,1\left(\frac{r_1}{r_2}\right)^2 cm$$

Dessa forma, para medirmos a quantidade de chuva (em milímetro) que caiu em uma determinada região, temos que construir a escala em um pluviômetro experimental considerando que a medida de $0,1\left(\dfrac{r_1}{r_2}\right)^2 cm$ equivale a 1mm de água de chuva.

Considerando um pluviômetro experimental em que as medidas são
- diâmetro da boca do funil: $d_1 = 15,30$cm, em que $r_1 = 7,65$cm.
- diâmetro do cilindro armazenador: $d_2 = 6,30$cm, em que $r_2 = 3,15$cm,

a altura pluviométrica é dada por:

$$h = 0,1\left(\frac{r_1}{r_2}\right)^2 cm$$

$$h = 0,1\left(\frac{7,65}{3,15}\right)^2 cm$$

$$h \cong 0,6\ cm$$

Ou seja, a medida de 0,6cm na escala do pluviômetro experimental corresponde a 1mm de pluviosidade, ou seja, de quantidade de água da chuva.

Podemos representar a escala do pluviômetro por meio de uma figura (figura 36a).

**Figura 36a:** Representação figural da escala do pluviômetro

**Figura 36b:** O pluviômetro experimental com a escala

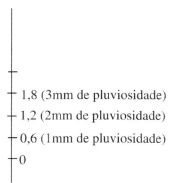

#### Conversando com a Sala de Aula

Os alunos podem usar um pluviômetro experimental ou construir um pluviômetro a partir das medidas dos diâmetros da boca do funil e do cilindro armazenador. A escala, nesse caso, poderá ser diferente. O que é fundamental é a relação encontrada: $h = 0,1\left(\dfrac{r_1}{r_2}\right)^2$ cm equivale a 1mm de água de chuva.

Após a construção da escala do pluviômetro, podemos retomar o problema em estudo que consiste em saber a quantidade de chuva em milímetros que caiu em determinada região. Para isso, deixamos o pluviômetro experimental em um lugar longe de paredes e muros, posicionado de maneira que não tombasse. Após a chuva, recolhemos o pluviômetro e observamos a altura da água no cilindro armazenador. No dia em questão, a pluviosidade foi de 2mm, ou seja, choveu 2L de água em uma área de 1m². Isso significa que se a água da chuva tivesse ficado no chão, sem se infiltrar na terra, nem escorrer, toda região em que choveu teria ficado recoberta por uma camada de água de 2mm de altura.

O professor pode utilizar o modelo matemático $h = 0,1\left(\dfrac{r_1}{r_2}\right)^2$ cm obtido nessa atividade de Modelagem Matemática para o estudo do conteúdo matemático "função racional".

Medindo a quantidade de chuva

**FUNÇÃO RACIONAL**

Chama-se função racional qualquer função $f: R \to R$ expressa como uma razão de dois polinômios $P(x)$ e $Q(x)$:

$$f(x) = \frac{P(x)}{Q(x)}$$

em que $Q(x) \neq 0$.

O domínio de uma função racional consiste de todos os números reais $x$ em que $Q(x) \neq 0$. O gráfico de uma função racional é constituído por partes separadas por uma assíntota[2] vertical. Além disso, quando $x$ tende ao infinito, ou seja, para grandes valores de $x$, o gráfico da função racional se aproxima de uma reta chamada assíntota horizontal.

No caso da função racional

$$f(x) = \frac{10}{x^2}$$

a representação gráfica é dada por

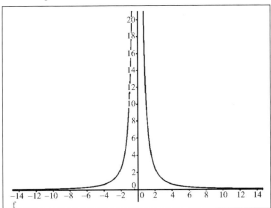

em que $D_f = \{x \in R \,/\, x \neq 0\}$. Nessa função racional, a assíntota vertical é $f(x) = 0$ e a assíntota horizontal é $x = 0$.

Como a função $h = 0{,}1\left(\dfrac{r_1}{r_2}\right)^2$ depende de duas variáveis $r_1$ e $r_2$, uma questão que pode ser discutida está relacionada ao tamanho da boca do funil.

Considerando que a boca do funil é um valor constante $k$, podemos escrever:

$$h(r) = 0{,}1\left(\frac{k}{r}\right)^2 \qquad (1)$$

em que $h$ é a altura pluviométrica e $r$ é o raio do cilindro armazenador, variável independente dessa função.

Usando como referência o pluviômetro experimental dessa atividade no qual o raio da boca do funil é $r_1 = 7{,}65$cm, então $k = 7{,}65$, a expressão (1) pode ser escrita como

$$h(r) = 0{,}1\left(\frac{7{,}65}{r}\right)^2$$

ou seja,

$$h(r) = \frac{5{,}85}{r^2} \tag{2}$$

em que $r > 0$. A representação gráfica da expressão (2) é apresentada na figura 37.

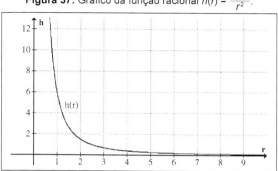

**Figura 37:** Gráfico da função racional $h(r) = \frac{5{,}85}{r^2}$.

Analisando a representação gráfica (figura 37) da função racional $h(r) = \frac{5{,}85}{r^2}$, concluímos que, quando o valor do raio do cilindro armazenador aumenta, o valor da altura (em centímetros) na escala pluviométrica diminui. Na figura 38 temos três imagens que representam a variação na altura da escala pluviométrica de acordo com a variação do raio do cilindro armazenador.

**Figura 38:** Variação na altura pluviométrica de pluviômetros experimentais, cuja boca do funil é constante, com diferentes raios dos cilindros armazenadores

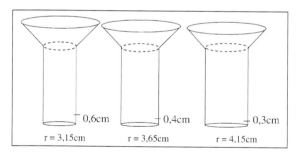

Cabe ressaltar que o diâmetro da boca do funil não pode ser menor do que o diâmetro do cilindro armazenador.

_Medindo a quantidade de chuva_

---

### NESTA ATIVIDADE...

**Situação inicial (problemática)**
Curiosidade: o que significa dizer ou ouvir alguém dizer que "choveu tantos milímetros"?

**Inteiração**
_Buscar informações sobre o que é pluviômetro_
_Identificar unidades de medida associadas à questão da quantidade de chuva_
_Construir um pluviômetro experimental_

_Definição do problema:_
Qual é a medida, em centímetros, que corresponde a 1mm de pluviosidade para um pluviômetro experimental? Para responder a pergunta é necessário construir uma escala que relaciona essas medidas.

**Matematização e resolução**
_O que é pluviosidade em linguagem matemática?_
_Associar a questão da determinação da quantidade de chuva com as dimensões do pluviômetro experimental, considerando medidas de área e volume._

_Definição de variáveis:_
Variáveis independentes: $r_1$ raio da boca do funil
$\quad\quad\quad\quad\quad\quad\quad\quad$ $r_2$ raio do cilindro armazenador
Variável dependente: $h$ altura (em cm) correspondente a 1mm de pluviosidade
Definição da relação entre pluviosidade e volume do cilindro armazenador do pluviômetro
Construção da escala para um pluviômetro experimental
Generalização das relações que definem a construção da escala
Relação com função racional

_Modelo matemático da situação_ $h = 0,1\left(\dfrac{r_1}{r_2}\right)^2$

_Matemática utilizada na atividade_
Área do círculo
Volume do cilindro reto
Proporção
Função racional
Conversão entre unidades de medida

**Interpretação e validação**
A compreensão de "pluviosidade" e de que a escala para relacionar quantidade de chuva com volume de água do cilindro do pluviômetro é específica para cada pluviômetro fundamentando-se na relação definida.

**Situação final**
Determinar a quantidade de chuva que caiu em determinada região usando o pluviômetro experimental.

---

# NOTAS

[1] A regra de três é usada em situações de proporcionalidade utilizando três valores dados para o cálculo do quarto valor.
[2] A definição de assíntota é apresentada na atividade do item 10 desta parte do livro.

# CASA PRÓPRIA: SERÁ QUE COM O SALÁRIO DÁ?

Construir ou reformar a casa própria é um sonho de muitos brasileiros. Todavia, é de se observar que, por mais que os rendimentos obtidos por uma família melhorem, as condições financeiras para investir nesse sonho continuam escassas. É que, se por um lado o salário tem aumentado no decorrer do tempo, o preço do metro quadrado da construção também tem aumentado. Mas será que esses aumentos têm acontecido na mesma proporção? Será que tem ficado mais difícil ou mais fácil construir? É diante desse contexto que se dá a investigação nesta atividade[1]: existe relação entre o preço do metro quadrado de construção e o salário mínimo? Se existe, qual é?

Frente à problemática, faz-se importante coletar informações que permitam a resolução do problema, bem como a proposição de hipóteses e simplificações. Os dados da tabela 7 foram obtidos junto ao Instituto Brasileiro de Geografia e Estatística (IBGE) e referem-se ao salário mínimo nacional no período de 2000 a 2010 e ao custo do metro quadrado de uma casa popular de 64 m$^2$ no estado do Paraná no mesmo período.

**Tabela 7:** Salário mínimo nacional e custo do metro quadrado no decorrer dos anos

| ano (n) | tempo (t), em anos | Salário mínimo nacional, em reais S(t) | Custo do metro quadrado, em reais C(t) |
|---|---|---|---|
| 2000 | 0 | 151 | 351,07 |
| 2001 | 1 | 180 | 379,56 |
| 2002 | 2 | 200 | 414,47 |
| 2003 | 3 | 240 | 484,79 |
| 2004 | 4 | 260 | 524,11 |
| 2005 | 5 | 300 | 572,66 |
| 2006 | 6 | 350 | 603,48 |
| 2007 | 7 | 380 | 627,91 |
| 2008 | 8 | 415 | 685,76 |
| 2009 | 9 | 465 | 748,61 |
| 2010 | 10 | 510 | 796,43 |
| 2011 | 11 | 545 | sem informações |

### Para Além da Matemática

O salário é o resultado de uma troca de valores entre quem trabalha e quem se beneficia do trabalho. Já o salário mínimo representa, ou ao menos deveria representar, a menor remuneração a ser paga pelo trabalho.

No Brasil, o salário mínimo foi incorporado na Constituição de 1934 no governo de Getúlio Vargas, sendo implantado em 1940. Para a definição do salário mínimo nacional, foi instituída uma comissão responsável por estudar minuciosamente as características de cada região do país, visando fixar o valor dos salários mínimos regionais. O país foi dividido em 22 regiões, correspondentes aos 20 estados, ao Distrito Federal e ao território do Acre. Em 30 de abril de 1938 foi assinado o Decreto-Lei nº 399, com a finalidade de regulamentar a Lei 185, determinando que o salário mínimo de cada região fosse pago ao trabalhador adulto, sem distinção de sexo, pelo seu trabalho, e deveria ser "capaz de satisfazer, em determinada região do País e em determinada época, as necessidades normais de alimentação, habitação, vestuário, higiene e transporte". O maior salário foi fixado em 240 mil réis, no Distrito Federal, e o menor foi fixado em 90 mil réis, no interior de vários estados do Nordeste.

A unificação do salário mínimo no país aconteceu apenas em maio de 1984.

(História do Salário Mínimo, Disponível em<http://www.portalsaofrancisco.com.br/alfa/historia-do-salario-minimo/historia-do-salario-minimo-2.php>. Acesso em: 1º jul. 2011)

De posse dos dados pode ser útil construir uma representação gráfica (figura 39) em que figurem os pares ordenados (tempo, salário) e (tempo, custo do metro quadrado), para pensar sobre o problema.

**Figura 39:** Pares ordenados (tempo, salário) e (tempo, custo do metro quadrado)

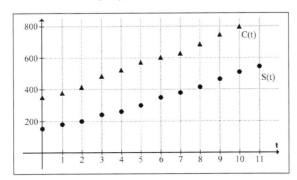

A interpretação dos dados pode sugerir que tanto a evolução do salário mínimo quanto a evolução do custo do metro quadrado podem ser representadas por meio de uma função polinomial do primeiro grau. Os dados apresentam comportamento crescente, o que sinaliza que o coeficiente angular é positivo.

> **FUNÇÃO POLINOMIAL DO PRIMEIRO GRAU**
>
> Chama-se **função polinomial do 1º grau** a qualquer função $f$ de $R$ em $R$ dada por uma lei da forma f(x)=ax+b, onde a e b são números reais dados e $a \neq 0$. Na função f(x)=ax+b, o número **a** é chamado de coeficiente de x e o número **b** é chamado termo independente.
> O coeficiente de x, **a**, é chamado coeficiente angular da reta e está ligado à inclinação da reta em relação ao eixo das abscissas (Ox). Diz-se "está ligado" porque o coeficiente angular é igual à tangente do ângulo que a reta – gráfico da função polinomial do primeiro grau – forma com o eixo Ox.
> Já o termo independente **b** é chamado coeficiente linear da reta, o que implica dizer que para x=0 temos y=b. Portanto, o coeficiente linear é a ordenada do ponto em que a reta corta o eixo das ordenadas (Oy).
>
>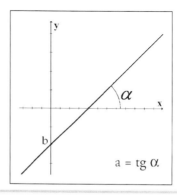

Considerando um sistema de equações lineares e tomando dois pontos conhecidos é possível obter as expressões que representam cada situação. No caso do salário mínimo, consideramos os pontos (4 , 260) e (11 , 545) e a expressão geral de uma função polinomial do primeiro grau $f(x) = ax + b$ com os quais construímos o sistema de equações lineares

$$\begin{cases} 4a + b = 260 \\ 11a + b = 545 \end{cases}$$

cuja resolução nos dá a expressão

$$S(t) = 40,7t + 97,2 \qquad (1)$$

em que $S$ é o valor do salário mínimo (em reais) e $t$ o tempo (em anos).

No caso do preço do metro quadrado de construção civil, também consideramos a expressão geral de uma função polinomial do primeiro grau e os pontos (2 , 414,47) e (9 , 748,61), com os quais construímos o sistema de equações lineares

$$\begin{cases} 2a + b = 414,47 \\ 9a + b = 748,61 \end{cases}$$

cuja resolução nos dá a expressão

$$C(t) = 47,73t + 319 \qquad (2)$$

em que $C$ é o custo do metro quadrado (em reais) e $t$ o tempo.

> **Conversando com a Sala de Aula**
>
> Nesta atividade, para obtenção de expressões matemáticas que representassem o valor do salário mínimo e o custo do metro quadrado da construção civil em relação ao tempo, foram considerados dois pares ordenados para cada caso. Essa escolha, embora frequentemente arbitrária, pode se dar de modo que os alunos testem diferentes pares e optem por aquele cujo modelo construído apresente melhor validação.
>
> O professor pode sugerir aos alunos o uso do software Excel (se estiver disponível na escola) ou de um software livre como o Graph, por exemplo, para fazer uma regressão linear para ajustar as retas que encontramos usando apenas dois pontos. Com o software todos os pontos serão considerados e pode se obter um modelo mais robusto para a situação.

Entender a situação que busca relacionar o valor do salário mínimo e o custo do metro quadrado da construção civil em diferentes anos implica, entre outras coisas, considerar o significado do coeficiente angular dos modelos.

Por meio da análise conjunta das expressões algébricas e dos gráficos (figura 40), pode-se concluir que os coeficientes angulares (40,7 e 47,73 nas funções salário e custo do metro quadrado, respectivamente) representam, na situação, o aumento anual aproximado, em reais, que acontece no salário e no custo do metro quadrado desde o ano de 2000. Ou seja, a cada ano que passa – ou a cada unidade no eixo das abscissas – o salário aumenta R$40,70 e o custo do metro quadrado aumenta R$47,73, em média.

**Figura 40**: Representação gráfica das funções $S(t)$ – salário mínimo e $C(t)$ – custo do metro quadrado de construção

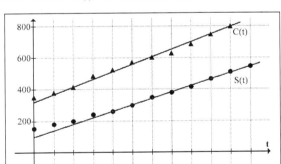

Desse modo, uma conclusão a que chegamos é que o aumento no preço do custo de metro quadrado (R$47,73) é sempre maior do que o aumento no salário mínimo (R$40,70), o que denota uma dificuldade cada vez maior de se iniciar uma construção, dado que o salário tem um poder de compra consideravelmente menor a cada ano. Esse distanciamento entre salário e custo do metro quadrado de construção é visível na representação da figura 40. Logo, se considerarmos o salário mínimo como único componente que implica a tomada de decisão sobre o investimento financeiro ou não na construção civil, conclui-se que fica mais difícil construir a cada ano considerando o orçamento do salário mínimo.

A partir dos modelos, é possível, ainda, realizar previsões para os valores do salário mínimo e do custo do metro quadrado de construção para 2012, por exemplo. Para isso, no entanto, seria interessante realizar uma mudança de variável de tempo ($t$) para ano ($n$), já que t foi a variável auxiliar utilizada na situação. Isso implica determinar a relação entre ano e tempo conforme mostra a tabela 8.

**Tabela 8**: Relação entre ano ($n$) e tempo ($t$)

| ano ($n$) | tempo ($t$) (em anos) |
|---|---|
| 2007 | 7 |
| 2008 | 8 |
| 2009 | 9 |
| 2010 | 10 |
| ... | ... |
| $n$ | $t=n$-2000 |

Sendo $t=n-2000$ e considerando $S(t) = 40{,}7t + 97{,}2$ e $C(t) = 47{,}73t + 319$, podemos escrever:

$S(n) = 40{,}7(n-2000) + 97{,}2$ ou seja $S(n) = 40{,}7n - 81302{,}8$ \hfill (3)

$C(n) = 47{,}73(n-2000) + 319$ ou seja $C(n) = 47{,}73n - 95141$ \hfill (4)

como expressões que relacionam um determinado ano com o valor do salário mínimo e do custo do metro quadrado no respectivo ano.

Portanto, para $n= 2012$ obtemos $S(2012) = 585{,}6$ e $C(n) = 891{,}76$

Podemos, ainda, buscar relações entre o custo do metro quadrado de construção e o salário dos respectivos anos. Como hipótese, consideramos que o custo do metro quadrado depende do salário, já que na medida em que um aumenta o outro também aumenta. Segue a representação gráfica na figura 41[2] que sugere, novamente, um comportamento linear.

**Figura 41**: Pares ordenados (custo do metro quadrado de construção, salário mínimo)

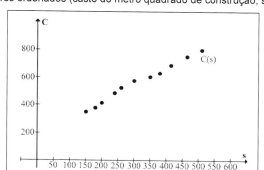

Tomando dois pontos quaisquer do gráfico – por exemplo (200 , 414,47) e (415, 685,76) –, e considerando a expressão geral de uma função do primeiro grau – $f(x) = ax + b$ –, é possível construir o sistema linear

$$\begin{cases} 200a + b = 414,47 \\ 415a + b = 685,76 \end{cases}$$

cuja solução conduz a expressão

$C(s) = 1,26s + 162,47$

A representação gráfica do modelo (5) está na figura 42 e a comparação dos dados observados com os dados obtidos pelo modelo está na tabela 9.

**Figura 42:** Custo do metro quadrado de construção em função do salário mínimo

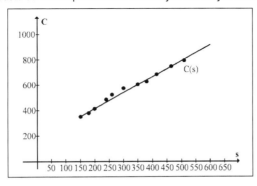

**Tabela 9:** Relação entre ano (n) e tempo (t)

| Salário mínimo nacional, em reais | Custo do metro quadrado, em reais OBSERVADO | Custo do metro quadrado, em reais MODELADO |
|---|---|---|
| 151 | 351,07 | 352,73 |
| 180 | 379,56 | 389,27 |
| 200 | 414,47 | 414,47 |
| 240 | 484,79 | 464,87 |
| 260 | 524,11 | 490,07 |
| 300 | 572,66 | 540,47 |
| 350 | 603,48 | 603,47 |
| 380 | 627,91 | 641,27 |
| 415 | 685,76 | 685,37 |
| 465 | 748,61 | 748,37 |
| 510 | 796,43 | 805,07 |

O modelo $C(s) = 1,26s + 162,47$ denota que a cada aumento de uma unidade que se dá no salário mínimo, o custo do metro quadrado de construção aumenta cerca de R$1,26. Isso quer dizer que a cada R$1,00 de aumento no salário mínimo tem-se, em média, R$1,26 de aumento no custo do metro quadrado. Utilizando a expressão do valor do salário em função do tempo – $S(n) = 40,7n - 81302,8$ – obtemos uma previsão de salário de R$585,60 para 2012. A partir desse salário, é possível prever o custo do metro quadrado de construção civil para o mesmo ano utilizando o modelo (5) que nos fornece R$900,32, valor próximo do obtido por meio do modelo $C(n) = 47,73n - 95141$ construído na abordagem anterior – R$891,76.

Nessa abordagem, a discussão pode acontecer em torno da ideia de função composta, já que temos uma função que relaciona o tempo, em anos, com o salário correspondente àquele ano, em reais e outra função que relaciona o custo do metro quadrado, em reais, e o salário mínimo do mesmo ano, em reais.

Logo, é possível encontrar $C(n)$ tal que $C(n) = (C \circ S)(n) = C(S(n))$

Assim:

$C(n) = C(S(n)) = 1,26 (S(n)) + 162,47$

Portanto:

$$C(n) = 51,28n - 102279,06 \qquad (6)$$

---

### CONVERSANDO COM A SALA DE AULA

É interessante que diferentes abordagens para a mesma situação sejam estimuladas em sala de aula, de modo que os grupos possam, ao término da atividade, apresentar sua resolução, defender seus pontos de vista, ouvir e criticar as resoluções dos outros e identificar o que de comum e de discrepante cada investigação apresenta. No caso da discussão apresentada para esta atividade, é interessante observar o uso da função composta para obter uma relação que fornece o custo do metro quadrado e um determinado ano e discutir este procedimento com aquele utilizado no início, em que se construiu uma relação direta entre ano e custo.

---

A situação "Casa própria: será que com o salário dá?" exemplifica a perspectiva sociocrítica da Modelagem Matemática, no sentido de que a partir dela os estudantes podem discutir as condições de aquisição ou de construção da casa própria por meio da análise, interpretação e reflexão que fazem sobre a relação existente entre o preço do metro quadrado da construção civil e o preço do salário mínimo brasileiro. Discutir esse assunto é exercer a cidadania, é aprender a exercer a cidadania de modo a intervir em debates baseados em Matemática por meio de sua reflexão sobre ela e sobre seu uso na sociedade. Além disso, no momento, aumentos não lineares do salário mínimo têm sido vislumbrados[3], o que pode ser utilizado para discutir a subjetividade presente nos modelos matemáticos e a falibilidade de uma previsão matemática, o que pode descortinar ideias de que o que é mostrado via Matemática é imune a controvérsias, visão presente em muitas salas de aula.

Casa própria: será que com o salário dá?

---

**Nesta atividade...**

**Situação inicial (problemática)**
Salário mínimo e o custo do metro quadrado de construção civil

**Inteiração**
*Coleta de dados na internet sobre construção e/ou compra da casa própria*
*Dificuldades na aquisição da casa própria em função do salário*

*Definição do problema:*
Existe relação entre o preço do metro quadrado de construção e o salário mínimo? Se existe, qual é?

**Matematização e resolução**
*Definição de hipóteses*
Tanto a evolução do salário mínimo quanto a evolução do custo do metro quadrado podem ser representados por meio de uma função polinomial do primeiro grau.
Consideramos que o custo do metro quadrado depende do salário, já que na medida em que um aumenta o outro também aumenta.

*Definição de variáveis*
t – tempo medido em anos
n – ano
$S(n)$ – Salário mínimo em função do ano n
$C(n)$ – Custo do metro quadrado de construção civil em função do ano n
$C(s)$ – Custo do metro quadrado de construção civil em função do salário mínimo

*Modelo matemático da situação*
$$S(n) = 40,7n - 81302,8$$
$$C(n) = 47,73n - 95141$$
$$C(s) = 1,26s + 162,47$$

*Matemática utilizada na atividade*
*Função Polinomial do Primeiro Grau*
*Composição de funções*

**Interpretação e validação**
Os modelos possibilitam um entendimento do coeficiente angular das retas obtidas no que diz respeito à relação entre salário e preço do metro quadrado de construção civil. Além disso, as relações entre salário e preço de construção se evidenciam na atividade. A validação, nesse caso, se deu estabelecendo comparações entre dados observados e dados estimados pelos modelos.

**Situação final**
Existe relação entre salário mínimo e o custo do metro quadrado de construção civil. Todavia os aumentos da construção do metro quadrado são superiores àqueles do salário mínimo.

# NOTAS

[1] Situação oriunda da investigação realizada por um grupo de alunos quando orientados por um dos autores deste livro e pela professora da disciplina Matemática que cursavam.

[2] Neste caso, desconsideramos o salário mínimo referente a 2011, já que não possuímos o custo do metro quadrado da construção civil para o respectivo ano.

[3] O projeto da Lei de Diretrizes Orçamentárias (LDO) estabelece o valor do salário mínimo em R$616,34 para 2012 – um crescimento nominal de 13,1% sobre o valor referente a 2011 (R$545,00).

# IDADE DA GESTANTE E SÍNDROME DE DOWN: QUAL A RELAÇÃO?

A maternidade, desejo de muitas mulheres, tem sido adiada cada vez mais. Muitos são os motivos pelos quais os casais optam por ter filhos mais tarde. Dentre os motivos está a prioridade dada ao estudo e ao firmar-se profissionalmente. Além disso, devido ao uso de métodos contraceptivos eficientes, os casais têm a opção de escolher o melhor momento para gerar uma criança, o que, além de tardar a gravidez, influencia no número de filhos por casal.

Apesar das vantagens em relação à preparação financeira e psicológica de quem tarda a gravidez, há de se considerar, também, os riscos de se optar pela gravidez na maturidade. Riscos estes, muitas vezes, ignorados pela população. Essa situação de modelagem dedica-se a estudar um desses riscos, especificamente, a probabilidade de uma mulher engravidar dada a idade que tem e a probabilidade que essa mulher, uma vez grávida, tem de gerar uma criança com Síndrome de Down.

Dados mostram que a idade de maior fertilidade feminina está no intervalo de 20 a 24 anos. Depois disso, a fertilidade tende a diminuir consideravelmente. No gráfico da figura 43 constam informações sobre as probabilidades de uma mulher engravidar de acordo com a idade que tem e a probabilidade de infertilidade, também dada a idade.

**Figura 43:** Como a idade afeta a fertilidade

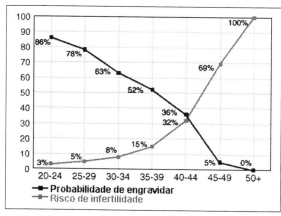

Fonte: *Management of the Infertile Woman*, de Helen A. Carcio, e *The Fertility Sourcebook*, de M. Sara Rosenthal. Disponível em: <http://brasil.babycenter.com/preconception/planejando/idade-afeta-fertilidade>. Acesso em: 12 jun. 2011.

Enquanto a probabilidade de uma mulher engravidar diminui de acordo com a idade, a literatura aponta que, com a idade, o envelhecimento dos óvulos aumenta as chances de uma mulher gerar uma criança com Síndrome de Down, embora não seja apenas esse o motivo que implica a incidência dessa Síndrome (tabela 10).

**Tabela 10:** Incidência de crianças com Síndrome de Down dada a idade da mãe

| Idade da mãe | Incidência de crianças com Síndrome de Down |
|---|---|
| 15 a 19 anos | 1 a cada 2400 nascimentos |
| 20 a 24 anos | 1 a cada 1500 nascimentos |
| 25 a 29 anos | 1 a cada 1200 nascimentos |
| 30 a 34 anos | 1 a cada 900 nascimentos |
| 35 a 39 anos | 1 a cada 300 nascimentos |
| 40 a 44 anos | 1 a cada 100 nascimentos |
| 45 a 49 anos | 1 a cada 400 nascimentos |

Fonte: BRESSAN, F. G. *A vida por trás dos olhos amendoados: um livro-reportagem sobre os portadores da Síndrome de Down.* Londrina: Eduel, 2002.

### PARA ALÉM DA MATEMÁTICA

A Síndrome de Down é um problema genético que atinge cerca de 1 bebê a cada 600 nascidos vivos. É uma síndrome que atua nos cromossomos do indivíduo. Cada pessoa possui 46 cromossomos no núcleo de todas as suas células, onde ficam os genes. As únicas células que têm menos cromossomos são o óvulo e o espermatozoide, que se juntam para que a célula inicial que dá origem a uma criança possua os 46 cromossomos de regra. No entanto, às vezes, acontecem erros durante o processo da concepção e multiplicação das primeiras células do embrião. A Síndrome de Down é um desses erros. O que ocorre é que um terceiro cromossomo se infiltra no cromossomo 21 do bebê. Dos 23 pares de cromossomos, o 21º fica com três cromossomos em vez de dois, e o equívoco passa a ser reproduzido nas células da criança.

Apesar de os estudos mostrarem que os riscos de Síndrome de Down são maiores para mães com idade superior a 35 anos, 80% das crianças que apresentam Síndrome de Down são filhos de mães com menos de 35 anos. (Almeida, 2011) Isso se deve ao fato de que, apesar do risco ser maior, a fertilidade da mulher também diminui com o tempo, de modo que nascem menos crianças de mulheres com idade superior a 35 anos. Nesse contexto e, considerando as informações já apresentadas, podemos investigar o seguinte problema:

Em que idade o risco de uma mulher engravidar e ter um filho com Síndrome de Down é maior?[1]

Responder a esse problema implica reconhecer como as probabilidades apresentadas na figura 43 e na tabela 11 se relacionam, ou ainda, implica determinar as variáveis envolvidas na situação, dentre elas:

$i$ - idade, em anos;

$R_G(i)$ - Risco de a mulher engravidar;

$R_{G \cap S}(i)$ - Risco de a mulher engravidar e ter um filho com Síndrome de Down;

$R_{S/G}(i)$ - Risco de a mulher ter um filho com Síndrome de Down dado que ela está grávida.

**Tabela 11:** Probabilidade de gravidez e de incidência da Síndrome de Down

| Idade da Mulher – i | Risco de uma mulher engravidar - $R_G(i)$ | Incidência de crianças com Síndrome de Down - $R_{S/G}(i)$ |
|---|---|---|
| 22 | 86% | $\dfrac{1}{1500} = 0{,}067\ \%$ |
| 27 | 78% | $\dfrac{1}{1200} = 0{,}083\ \%$ |
| 32 | 63% | $\dfrac{1}{900} = 0{,}111\ \%$ |
| 37 | 52% | $\dfrac{1}{300} = 0{,}333\ \%$ |
| 42 | 36% | $\dfrac{1}{100} = 1\ \%$ |
| 47 | 5% | $\dfrac{1}{400} = 0{,}25\ \%$ |

Responder o problema significa, em termos da Matemática, encontrar um modelo matemático que relacione o risco de uma mulher engravidar e ter um filho com Síndrome de Down, diante da idade que tem, ou seja, encontrar $R_{G \cap S}(i)$.

Frente à problemática, faz-se importante, ainda, considerar mulheres que não utilizam métodos contraceptivos e considerar mulheres com idades entre 20 e 47 anos, já que não temos dados sobre a probabilidade de engravidar que nos permitam inferir o risco para idades inferiores a 20 anos.

Num primeiro momento, pode ser útil trabalhar as informações iniciais considerando as médias de idade de cada intervalo para cada situação – Risco (probabilidade) de a mulher engravidar e risco (probabilidade) de incidência de crianças com Síndrome de Down – conforme mostra a tabela 11.

Definidas as variáveis, objetivando encontrar um modelo matemático para determinar o risco de uma mulher engravidar e ter um filho com Síndrome de Down e, tendo informações relacionadas ao risco de a mulher engravidar e à incidência de Síndrome de Down diante da idade, podemos recorrer, inicialmente, à probabilidade condicional.

> **PROBABILIDADE CONDICIONAL**
>
> Dados dois eventos, A e B, a probabilidade condicional de A dado que ocorreu B é representada por
>
> $$P(A/B) = \frac{P(A \cap B)}{P(B)}, \text{ com } P(B) > 0$$
>
> onde $P(A \cap B)$ é a probabilidade de ocorrência dos eventos A e B, e $P(B)$ é a probabilidade de ocorrência do evento B.
>
> Dessa expressão, obtemos a regra do produto de probabilidades, dada por
>
> $$P(A \cap B) = P(A/B)P(B)$$

Na situação, temos a relação: "O risco de uma mulher engravidar e ter um filho com Síndrome de Down ($R_{G \cap S}(i)$) é igual ao produto entre o risco de ter um filho com Síndrome de Down dado que ela está grávida ($R_{S/G}(i)$) e o risco de engravidar ($R_G(i)$)".

Em termos matemáticos, podemos escrever:

$$R_{G \cap S}(i) = R_{S/G}(i) R_G(i)$$

Para obter informações que possibilitem a construção do modelo matemático $R_{G \cap S}(i)$, podemos construir uma tabela que relacione os valores de $R_{S/G}(i)$ e $R_G(i)$ para cada idade (i) da mulher, como mostra a tabela 12.

**Tabela 12:** Risco de uma mulher engravidar e ter um filho com Síndrome de Down

| Idade da Mulher i | Risco de uma mulher engravidar $R_G(i)$ | Incidência de crianças com Síndrome de Down $R_{S/G}(i)$ | Risco de uma mulher engravidar e ter um filho com Síndrome de Down $R_{G \cdot S}(i)$ (aprox.) |
|---|---|---|---|
| 22 | 86% | 0,067 % | 0,058 % |
| 27 | 78% | 0,083 % | 0,065 % |
| 32 | 63% | 0,111 % | 0,07 % |
| 37 | 52% | 0,333 % | 0,173 % |
| 42 | 36% | 1 % | 0,360 % |
| 47 | 5% | 0,25 % | 0,013 % |

Os pares ordenados ($i$, $R_{G \cap S}$) da tabela 12 podem ser, ainda, representados no plano cartesiano apresentado na figura 44.

**Figura 44:** Pares ordenados (i , $R_{G \cap S}$)

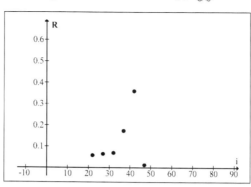

A análise do gráfico pode sugerir, em nível de educação básica, que a situação pode ser representada por um modelo definido por duas sentenças[2]. Considerando a tendência dos dados do gráfico da figura 44, utilizamos duas funções quadráticas, em que a primeira acontece no intervalo de 22 a 37 anos de idade e a segunda, de 37 a 47 anos.

---

### Função Polinomial do 2º grau – Função quadrática

Uma função $f$ definida no conjunto $R$ dos números reais e com contradomínio neste mesmo conjunto, que associa a cada número real $x$ o número real $ax^2+bx+c$, com $a, b, c$ reais e $a \neq 0$, ou seja

$$f: R \to R$$

$$x \to ax^2+bx+c, \text{ com } a \neq 0$$

é denominada função polinomial do 2º grau ou função quadrática.

O gráfico de uma função quadrática é uma parábola cuja concavidade está associada ao sinal do coeficiente $a$. O vértice da parábola é o ponto de coordenadas $\left(-\dfrac{b}{2a}, -\dfrac{\Delta}{4a}\right)$ conforme mostram as figuras.

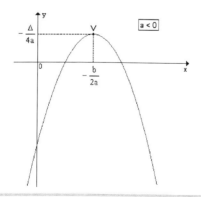
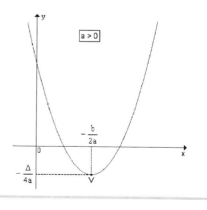

### Conversando com a Sala de Aula

Uma abordagem da situação é aquela em que se calcula o risco de uma mulher ficar grávida e ter um filho com Síndrome de Down ($R_{G \cap S}(i)$) para cada valor conhecido da tabela 12 para só depois construir um modelo com os pares ordenados ($i$, $R_{G \cap S}(i)$). Essa é a abordagem que utilizamos na discussão da atividade.

Outra maneira é construindo-se primeiro um modelo que relacione o risco de uma mulher ficar grávida ($R_G$) de acordo com a idade ($i$), em seguida um modelo que relacione o risco de uma criança nascer com Síndrome de Down ($R_{S/G}$) diante da idade ($i$) da mãe para, só depois, relacionar estes dois modelos de modo a obter o terceiro, referente ao risco de uma mulher ficar grávida e ter um filho com Síndrome de Down. Nesse caso, relacionar os dois primeiros modelos significaria, também, utilizar o conceito de probabilidade condicional.

Para a construção do modelo matemático da situação no intervalo de 22 a 37 anos, consideramos, além da expressão $f(x)=ax^2+bx+c$, três dos pontos conhecidos. Na situação, tomamos os pontos $(22 , 0,058)$, $(37 , 0,173)$ e a média[3] aproximada dos pontos $(27, 0,065)$ e $(32 , 0,07)$, ao que obtemos o terceiro ponto considerado $(30 , 0,0675)$.

Substituindo os pares ordenados na expressão geral da função quadrática obtém-se o sistema de equações lineares:

$$\begin{cases} 484a + 22b + c = 0,058 \\ 900a + 30b + c = 0,0675 \\ 1369a + 37b + c = 0,173 \end{cases}$$

É preciso, portanto, encontrar os valores dos parâmetros a, b e c para obter a primeira parte do modelo que almejamos construir. Isso implica resolver o sistema de equações lineares. Para isso, recorremos à Regra de Cramer e reescrevemos o sistema na sua forma matricial.

$$\begin{bmatrix} 484 & 22 & 1 \\ 900 & 30 & 1 \\ 1369 & 37 & 1 \end{bmatrix} \begin{bmatrix} a \\ b \\ c \end{bmatrix} = \begin{bmatrix} 0,058 \\ 0,0675 \\ 0,173 \end{bmatrix}$$

> ### REGRA DE CRAMER
>
> Consideremos um sistema de equações lineares com n equações e n incógnitas, na sua forma genérica:
>
> $$\begin{cases} a_{11}x_1 + a_{12}x_2 + a_{13}x_3 + \ldots + a_{1n}x_n = b_1 \\ a_{21}x_1 + a_{22}x_2 + a_{23}x_3 + \ldots + a_{2n}x_n = b_2 \\ a_{31}x_1 + a_{32}x_2 + a_{33}x_3 + \ldots + a_{3n}x_n = b_3 \\ \quad \vdots \qquad\qquad\qquad = \vdots \\ a_{n1}x_1 + a_{n2}x_2 + a_{n3}x_3 + \ldots + a_{nn}x_n = b_n \end{cases}$$
>
> onde os coeficientes $a_{11}$, $a_{12}$, $a_{13}$, ..., $a_{nn}$ são números reais ou complexos, os termos independentes $b_1$, $b_2$, $b_3$, ..., $b_n$ são números reais ou complexos e $x_1$, $x_2$, $x_3$, ..., $x_n$ são as incógnitas do sistema $n$x$n$.
> Seja D o determinante da matriz formada pelos coeficientes das incógnitas.
>
> $$\begin{vmatrix} a_{11} & a_{12} & \ldots & a_{1n} \\ a_{21} & a_{22} & \ldots & a_{2n} \\ \vdots & \vdots & & \vdots \\ a_{n1} & a_{n2} & \ldots & a_{nn} \end{vmatrix} = D$$
>
> Seja $Dx_i$ o determinante da matriz que se obtém do sistema dado, substituindo a coluna dos coeficientes da incógnita $x_i$ (i=1, 2, 3, ..., n), pelos termos independentes $b_1$, $b_2$, $b_3$, ..., $b_n$.
> Segundo a regra de Cramer os valores das incógnitas de um sistema linear de n equações e n incógnitas são dados por frações cujo denominador é o determinante D dos coeficientes das incógnitas e o numerador é o determinante $Dx_i$, ou seja:
>
> $$x_i = \frac{Dx_i}{D}$$

Para resolver o sistema usando a regra de Cramer é necessário calcular os seguintes determinantes: o determinante da matriz formada pelos coeficientes das incógnitas (D), o determinante da matriz formada pelos coeficientes em que a primeira coluna é substituída pelos valores dos termos independentes ($Di_1$), o determinante da matriz formada pelos coeficientes em que a segunda coluna é substituída pelos valores dos termos independentes ($Di_2$) e o determinante da matriz formada pelos coeficientes em que a terceira coluna é substituída pelos valores dos termos independentes ($Di_3$).

Assim,

$$D = \begin{bmatrix} 484 & 22 & 1 \\ 900 & 30 & 1 \\ 1369 & 37 & 1 \end{bmatrix} = -840$$

$$Di_1 = \begin{bmatrix} 0,058 & 22 & 1 \\ 0,0675 & 30 & 1 \\ 0,173 & 37 & 1 \end{bmatrix} = -0,7775$$

$$Di_2 = \begin{bmatrix} 484 & 0,058 & 1 \\ 900 & 0,0675 & 1 \\ 1369 & 0,173 & 1 \end{bmatrix} = 39,4325$$

$$Di_3 = \begin{bmatrix} 484 & 22 & 0,058 \\ 900 & 30 & 0,0675 \\ 1369 & 37 & 0,173 \end{bmatrix} = -539,925$$

De posse dos determinantes, calculam-se os parâmetros a, b e c do sistema, dividindo-se $\frac{Di_1}{D}$, $\frac{Di_2}{D}$ e $\frac{Di_3}{D}$, respectivamente.

$$a = \frac{Di_1}{D} = \frac{-0,7775}{-840} = 0,00093$$

$$b = \frac{Di_2}{D} = \frac{39,4325}{-840} = -0,0469$$

$$c = \frac{Di_3}{D} = \frac{-539,925}{-840} = 0,6428$$

Portanto, a primeira parte do modelo definido por partes, é dada por:

$$f(i) = 0,00093i^2 - 0,0469i + 0,6428 \tag{1}$$

Para construir a segunda parte do modelo também utilizamos uma função quadrática, agora definida no intervalo de 37 a 47 anos de idade. Nesse caso, foram considerados a expressão geral de uma função polinomial do segundo grau, os pontos (37, 0,173), (42, 0,360) e (47, 0,013), assim como os mesmos procedimentos adotados para encontrar a primeira parte do modelo. Desse modo, obtivemos:

$$g(i) = -0,01068.i^2 + 0,8811.i - 17,8075 \tag{2}$$

Usando (1) e (2) escrevemos:

$$R_{G \cap S}(i) = \begin{cases} 0,00093i^2 - 0,0469i + 0,6428, & \text{se } 20 \leq i < 37 \\ -0,01068i^2 + 0,8811i - 17,8075, & \text{se } 37 \leq i \leq 47 \end{cases}$$

que descreve o risco de uma mulher engravidar e ter um filho com Síndrome de Down em função da idade que tem. Tal modelo pode ser representado, ainda, como na figura 45.[4]

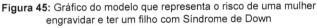

**Figura 45:** Gráfico do modelo que representa o risco de uma mulher engravidar e ter um filho com Síndrome de Down

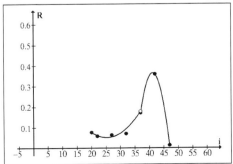

Por meio da representação gráfica da função, é possível perceber que o modelo matemático construído se ajusta bem aos pontos dados inicialmente. No entanto, é interessante realizar a validação do modelo comparando os resultados encontrados pelo modelo com os utilizados para sua construção (tabela 13).

**Tabela 13:** Validação do modelo que considera o risco de uma mulher engravidar e ter um filho com Síndrome de Down

| Idade da Mulher I | Risco de uma mulher engravidar e ter um filho com Síndrome de Down $R_{G \cap S}(i)$ (aprox.) | $R_{G \cap S}(i)$ modelo |
|---|---|---|
| 22 | 0,058 % | 0,061% |
| 27 | 0,065 % | 0,054% |
| 32 | 0,070 % | 0,094% |
| 37 | 0,173 % | 0,172% |
| 42 | 0,360 % | 0,359% |
| 47 | 0,013 % | 0,012% |

Considerando a problemática inicial sobre determinar a idade em que o risco de uma mulher engravidar e ter um filho com Síndrome de Down é maior, verifica-se que apenas a segunda sentença do modelo construído interessa para responder a questão, já que é nela que acontece um ponto de máximo. Mas como calcular esse ponto de máximo?

Por se tratar de uma função polinomial do segundo grau, o ponto de máximo, também vértice da parábola que representa a função, pode ser encontrado utilizando-se o i do vértice. No caso,

$$i_{vértice} = - \frac{b}{2a}$$

$$i_{vértice} = - \frac{0,881}{2(-0,01068)}$$

$i_{vértice} = 41,25 = 41$ anos e 3 meses

Segundo o modelo, portanto, o risco é maior quando a idade da mulher é aproximadamente 41 anos.

---

**NESTA ATIVIDADE...**

**Situação inicial (problemática)**
Idade da gestante e Síndrome de Down – qual a relação?

**Inteiração**
*Coleta de dados em livros específicos e internet*

*Definição do problema:*
Em que idade o risco de uma mulher engravidar e ter um filho com Síndrome de Down é maior?

**Matematização e resolução**
Transições de linguagens, passando das informações de tabelas e gráficos para a linguagem matemática de probabilidades.

*Definição de hipóteses*
- Enquanto a probabilidade de uma mulher engravidar diminui de acordo com a idade, o envelhecimento dos óvulos aumenta as chances de uma mulher gerar uma criança com Síndrome de Down;
- Consideram-se mulheres que não utilizam métodos contraceptivos e com idades de 20 a 47 anos, já que não se tem informações para idades inferiores a 20 anos;
- A situação pode ser representada via um modelo definido por partes. A primeira por uma função polinomial do segundo grau, no intervalo de 22 a 37 anos, e a segunda, no intervalo de 37 a 47 anos, também por uma quadrática.

*Definição de variáveis*
i - idade, em anos;
$R_G(i)$ - Risco de a mulher engravidar;
$R_{G \cap S}(i)$ - Risco de a mulher engravidar e ter um filho com Síndrome de Down;
$R_{S/G}(i)$ - Risco de a mulher ter um filho com Síndrome de Down, dado que ela está grávida.

*Modelo matemático da situação*

$$R_{G \cap S}(i) = \begin{cases} 0,00093i^2 - 0,0469i + 0,6428, & \text{se } 20 \leq i < 37 \\ -0,01068i^2 + 0,8811i - 17,8075, & \text{se } 37 \leq i \leq 47 \end{cases}$$

*A matemática do problema*
*Probabilidade Condicional*
*Função polinomial do segundo grau*
*Função definida por partes*
*Resolução de sistemas lineares usando regra de Cramer*

**Interpretação e validação**
É possível determinar por meio de um modelo matemático a probabilidade de uma mulher engravidar e ter um filho com Síndrome de Down.
A validação se deu por meio da comparação entre dados observados e dados estimados pelo modelo.

**Situação final**
A mulher corre mais risco de ter um filho com Síndrome de Down se engravidar com idade próxima de 41 anos.

# NOTAS

[1] Situação investigada por um dos autores do livro e sua orientanda de mestrado, com vistas a discutir possibilidades da atividade de Modelagem usando recursos computacionais.
[2] A explicação do conceito de função definida por várias sentenças é apresentada na atividade do item 5 desta parte do livro.
[3] Estratégia frequentemente utilizada em Matemática com vistas a influenciar no modelo matemático um maior número de informações.
[4] Ainda que o conceito de continuidade de uma função não faça parte dos conteúdos abordados na educação básica, é interessante que o professor discuta, ao menos de modo intuitivo, tal conceito em atividades como esta.

# UM BOM "FIM" PARA AS GARRAFAS PET: A RECICLAGEM

O pet – politereftalato de etileno – é um material termoplástico desenvolvido pelos químicos ingleses Whinfield e Dickson por volta do ano de 1941. Ser "termoplástico" significa que pode ser reprocessado diversas vezes pelo mesmo ou por outro processo de transformação. Quando aquecido a temperaturas adequadas, esses plásticos amolecem, fundem e podem ser novamente moldados.

Características do pet como a absoluta transparência, a grande resistência a impactos e maior leveza em relação às embalagens tradicionais, fazem desse material um importante aliado na produção de embalagens. A grande utilização do pet para embalagens de bebidas, especialmente de refrigerantes, decorre do fato de a embalagem pet ser 100% reciclável.

---

**Para Além da Matemática**

A reciclagem é o processo de reaproveitamento de materiais descartados de forma a reduzir a quantidade de lixo produzido. De modo geral, pretende-se reciclagem de materiais que demoram a se decompor e a se reintegrar ao meio ambiente.

Entre os benefícios da reciclagem do pet, podemos citar: a redução do volume de lixo coletado, que é removido para aterros sanitários, proporcionando melhorias sensíveis no processo de decomposição da matéria orgânica (o plástico impermeabiliza as camadas em decomposição, prejudicando a circulação de gases e líquidos); economia de energia elétrica e petróleo; a geração de empregos; menor preço para o consumidor dos artefatos produzidos com plástico reciclado que é aproximadamente 30% mais barato do que os mesmos produtos fabricados com matéria-prima virgem.

Após a reciclagem, o material pode ser reaproveitado em brinquedos, utensílios domésticos como baldes e vassouras, objetos de decoração e até mesmo em roupas. Pode ser difícil de acreditar, mas o pet reciclado é capaz de gerar fibras que produzem um tecido forte e macio, que, combinado com algodão, deixa a roupa confortável. Assim, a indústria têxtil é o setor que mais utiliza a matéria-prima e absorveu no último ano 38% do volume de pet reutilizado, de acordo com o censo da Associação Brasileira da Indústria do Pet – Abipet. Algumas informações relevantes: a) 68% de todo refrigerante produzido no país é embalado em garrafas pet; b) 1 kg de garrafas pet corresponde a: 16 garrafas de 2,5 litros ou 20 garrafas de 2,0 litros ou 24 garrafas de 1,5 litros ou 26 garrafas de 1,0 litro ou 36 garrafas de 600 ml. (Fonte: TOMRA/LATASA – Reciclagem S. A.); c) A embalagem monocamada de pet, já utilizada por países como EUA e França, é aquela que permite que o pet reciclado entre em contato direto com alimentos e bebidas. Uma tecnologia moderna descontamina o pet pós-consumo usando um sistema de superlavagem que assegura ao reciclado o mesmo nível de limpeza da matéria-prima virgem. Estima-se que as garrafas de politereftalato de etileno levem mais de 500 anos para se decompor na natureza. Nesse contexto, a reciclagem evita a extração de novas matérias-primas das fontes naturais e economiza recursos utilizados durante a fabricação de produtos, como água e energia. Segundo a Abipet, a produção de resina através da reutilização do pet, por exemplo, consome apenas 3% da energia necessária para produzir resina virgem.

O polímero de pet é um poliéster, um dos plásticos mais reciclados em todo o mundo devido a sua extensa gama de aplicações: fibras têxteis, tapetes, carpetes não tecidos, embalagens, filmes, fitas, cordas, compostos etc.

Fonte: Disponível em: <http://tecnocracia.com.br/257/reuso-e-reciclagem-da-garrafa-pet>. Acesso em: 16 dez. 2011.

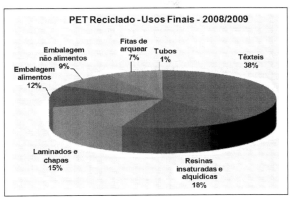

Fonte: Disponível em: <http://www.abipet.org.br/reciclagem.php>. Acesso em: jul. 2011.

Foi por volta do ano de 1988 que a garrafa descartável feita com politereftalato de etileno (pet) surgiu como opção leve e barata para a substituição das pesadas e de alta manutenção garrafas de vidro. Infelizmente, não foi lançada em conjunto com as embalagens uma solução para o seu recolhimento e reutilização e nem se divulgou informações sobre a sua reciclagem.

O Brasil produz anualmente cerca de 3 bilhões de garrafas pet, um produto 100% reciclável, mas o volume de reciclagem atualmente beira os 50%. Isso significa na prática que pelo menos 1 bilhão e meio de plástico não biodegradável é descartado no meio ambiente por ano, o que quer dizer algumas centenas de anos para absorção na natureza.

Apesar do aumento da reciclagem do material no Brasil, o reaproveitamento ainda não satisfaz a demanda do país. Quase metade do pet reciclável ainda é abandonado em lixões, aterros ou na natureza, o que nos faz importar o material usado de outros países para utilizar como matéria-prima.

Ainda sim, existem diversos projetos de recolhimento de pet para reciclagem no Brasil, que são utilizados tanto na geração de outros produtos, como brinquedos, móveis, arte e até barcos, como também são triturados e reprocessados para dar origem a novas garrafas e outros objetos feitos com polietileno.

A etapa de transformação utiliza o material revalorizado e o transforma em outro produto vendável, o produto reciclado. A etapa de revalorização realiza a descontaminação e adequação do material coletado e selecionado para que possa ser utilizado como matéria-prima na indústria de transformação.

No Brasil, a reciclagem de garrafas de politereftalato de etileno (pet) aumentou cerca de 20 vezes nos últimos 16 anos. Hoje, nosso país é o segundo maior reaproveitador de garrafas pet do mundo, atrás apenas do Japão, e recicla 262 mil toneladas do material. Esse número corresponde a um reaproveitamento de quase 55,6% de todas as garrafas pet no país. Tais dados foram divulgados no último censo realizado pela Associação Brasileira da Indústria do pet (Abipet) (figura 46).

**Figura 46:** O percentual de reciclagem pet no mundo

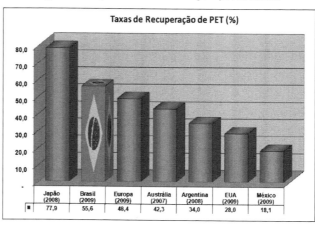

Fonte: Censo da Abipet 2009/2010.

A Abipet realiza o censo da reciclagem pet no Brasil a partir do ano de 2004, mostrando dados relativos ao fenômeno desde o ano de 1994. A figura 47 mostra as informações reveladas por estes censos.

**Figura 47:** O percentual de reciclagem pet no Brasil

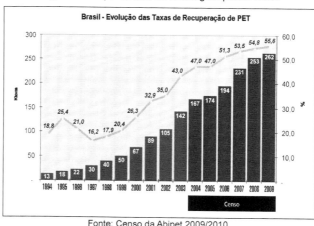

Fonte: Censo da Abipet 2009/2010.

A partir das informações da figura 47 podemos construir uma tabela (tabela 14) associando o número de garrafas recicladas no decorrer do tempo com o percentual que esse número representa em relação ao número total de garrafas consumidas.

Vale observar que a quinta coluna, neste caso, já é construída pelos estudantes por meio de cálculos de porcentagem usando os dados da coluna 3 e da coluna 4. Ou seja, para o ano de 1994, por exemplo, é preciso fazer:

13 toneladas – 18,8%
$x$ toneladas – 100%

Um bom "fim" para as garrafas pet: a reciclagem

**Tabela 14:** Percentual de garrafas recicladas no Brasil desde 1994 e garrafas consumidas nesse período

| Ano | $t$ | Garrafas pet recicladas (em toneladas) | % Reciclado em relação ao consumo total de garrafas | Garrafas pet consumidas (em toneladas) |
|---|---|---|---|---|
| 1994 | 0 | 13 | 18,8 | 69,15 |
| 1995 | 1 | 18 | 25,4 | 70,87 |
| 1996 | 2 | 22 | 21 | 104,8 |
| 1997 | 3 | 30 | 16,2 | 185,19 |
| 1998 | 4 | 40 | 17,9 | 223,47 |
| 1999 | 5 | 50 | 20,4 | 245,1 |
| 2000 | 6 | 67 | 26,3 | 254,75 |
| 2001 | 7 | 89 | 32,9 | 270,52 |
| 2002 | 8 | 105 | 35 | 300 |
| 2003 | 9 | 142 | 43 | 330,23 |
| 2004 | 10 | 167 | 47 | 355,32 |
| 2005 | 11 | 174 | 47 | 370,21 |
| 2006 | 12 | 194 | 51,3 | 378,17 |
| 2007 | 13 | 231 | 53,5 | 431,77 |
| 2008 | 14 | 253 | 54,8 | 461,68 |
| 2009 | 15 | 262 | 55,6 | 471,22 |

O aspecto da problemática de reciclagem que é nosso alvo de investigação nesse momento diz respeito à questão: Se o Brasil permanecer nesse ritmo de crescimento no percentual de garrafas recicladas, em que época poderá se igualar ao atualmente primeiro colocado no *ranking* da reciclagem, o Japão?

Para essa questão, foi necessário estudar também a evolução do comportamento dos percentuais de reciclagem de pet nesse país, usando os dados da figura 48 mais a informação da figura 47, de que no ano de 2008 esse percentual chegou a 77,9%.

**Figura 48:** Evolução da reciclagem de garrafas pet no Japão

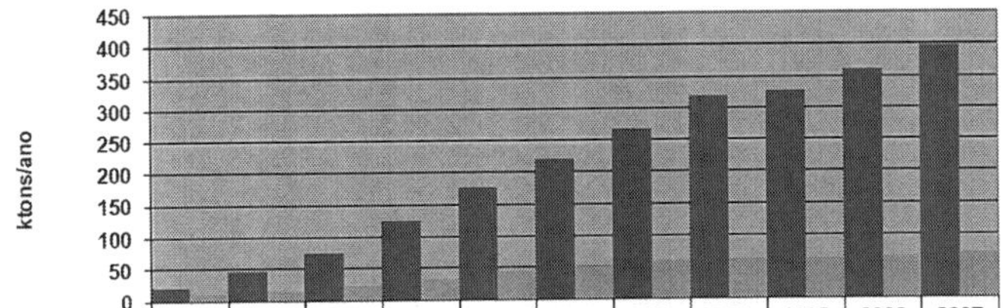

| | 1997 | 1998 | 1999 | 2000 | 2001 | 2002 | 2003 | 2004 | 2005 | 2006 | 2007 |
|---|---|---|---|---|---|---|---|---|---|---|---|
| KTons | 21 | 48 | 76 | 125 | 177 | 220 | 266 | 320 | 327 | 361 | 397 |
| % | 9,8 | 16,9 | 22,8 | 34,5 | 44,0 | 53,4 | 61,0 | 62,3 | 61,7 | 66,3 | 69,2 |

Fonte: Censo da Abipet 2009/2010.

**Procurando uma resposta:**

Para procurar resposta para a questão de interesse, analisamos o comportamento do percentual de garrafas recicladas no Brasil e no Japão.

Para o caso do Brasil, os dados da tabela 14 e da figura 47 revelam que a partir do ano de 2005 o percentual de garrafas pet recicladas é crescente. Assim, fazemos nossas conjecturas sobre o comportamento futuro desse percentual a partir desse ano. Tratamos o problema, portanto com duas variáveis:

$t=$ o tempo (em anos); $P_B(t)=$ o percentual de garrafas recicladas no Brasil no ano $t$

Como se trata de um percentual, nesse caso, podemos inferir que é adequado um modelo assintótico (ou função assintótica), ou seja, de um modelo matemático que tem uma assíntota horizontal na reta $P_B(t)=100$.

> **Assíntota**
>
> Se a distância entre o gráfico de uma função e uma reta fixa se aproxima de zero na medida em que a curva se afasta da origem, dizemos que a reta é uma assíntota do gráfico. A definição de assíntota se dá por meio do uso de limites da função f(x) quando x se aproxima de ∞ ou de -∞ e pode ser encontrada em livros de cálculo diferencial e integral.
>
> Há funções que têm assíntota horizontal, funções que têm assíntota vertical e mesmo funções que têm as duas assíntotas.
>
> A função $f(x) = \dfrac{1}{x}$ tem assíntota horizontal e vertical.
>
> Diversas funções relacionadas a fenômenos descritos pela Matemática são funções assintóticas, isto é, funções que têm algum tipo de assíntota.

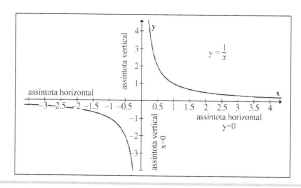

Para obter o modelo assintótico associado ao percentual de garrafas pet recicladas, vamos considerar o valor da diferença entre o máximo 100% e os percentuais observados no decorrer do período de 2005 até 2009 conforme mostra a tabela 15.

**Tabela 15**: Dados sobre a reciclagem de pet no Brasil

| Ano | Variável t | Percentual de garrafas recicladas $P_B(t)$ | Diferença: $100-P_B(t)$ |
|---|---|---|---|
| 2005 | 0 | 47 | 53 |
| 2006 | 1 | 51,3 | 48,7 |
| 2007 | 2 | 53,5 | 46,5 |
| 2008 | 3 | 54,8 | 45,2 |
| 2009 | 4 | 55,6 | 44,4 |

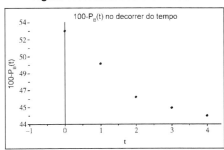

**Figura 49**: A tendência dos dados

Fazendo a representação dos pontos $(t, 100-P_B(t))$ no plano cartesiano, obtemos a figura 49. Para determinar o modelo matemático associado ao fenômeno, consideramos:
  i) a tendência dos dados representados na figura 49;
  ii) os valores de $100-P_B(t)$ são sempre positivos;
  iii) os valores de $100-P_B(t)$ ficam cada vez mais próximos de zero (tendem a zero).

Associando estes três aspectos com as características de uma função exponencial, optamos pelo ajuste desse tipo de função aos dados, escrevendo: $100-P_B(t) = a\,e^{bt}$

---

### O número "$e$"

Atribui-se a John Napier (lê-se e escreve-se, em geral, Neper) (1550-1617) a descoberta do número de Neper. É um número irracional e surge como limite, para valores muito grandes de $n$, da sucessão $\left(1+\frac{1}{n}\right)^n$. Ou seja, $\lim_{n\to\infty}\left(1+\frac{1}{n}\right)^n = e$, sendo $e = 2,7182818284590452353602874...$

Esse número é denotado por "$e$" em homenagem ao matemático suíço Leonhard Euler (1707-1783), um dos primeiros a estudar suas propriedades.

Este número "$e$" é importante em quase todas as áreas do conhecimento: Economia, Engenharia, Biologia, Sociologia.

A função exponencial, $e^x$, cuja base é o número de Neper, modela fenômenos de importância vital, nos mais variados campos da ciência: físico-químicas, biológicas, econômicas, agronômicas, geográficas, médicas, sociais.

O número "$e$" é um número irracional, mas de uma categoria diferente de $\sqrt{2}$, por exemplo. Enquanto $\sqrt{2}$ pode ser raiz de um polinômio, o número "$e$" não pode ser raiz de polinômios de coeficientes inteiros: diz-se um irracional transcendente.

Pelas suas propriedades particulares, o número "$e$" tem sido usado como base de logaritmos privilegiada em Matemática Superior, embora a base 10 seja a mais usada em aplicações práticas. A base de logaritmos inventada por Neper, que era muito complicada, fazia intervir o número "$e$", pelo que este continua a chamar-se "número de Neper" e os logaritmos de base '$e$' logaritmos "neperianos" ou "naturais".

Assim, podemos escrever: $\log_{10} x = \log x$ e $\log_e x = \ln x$

Usando o número "$e$" e a definição da função exponencial, temos que: $\ln(e)=1$

Usando dois dos cinco pontos para determinar o valor dos parâmetros $a$ e $b$, $P_1=(2, 46,5)$ e $P_2=(3, 45,2)$, podemos escrever o sistema: $\begin{cases} 46,5 = a\,e^{2b} \\ 45,2 = a\,e^{3b} \end{cases}$

Resolvendo este sistema obtemos $a=47,84$ e $b=-0,01892$, o que conduz à expressão: $100 - P_B(t) = 47,84\,e^{-0,01892t}$

Como $t=0$ corresponde ao ano de 2005, para anos a partir de 2005, podemos escrever:
$$P_B(t) = 100 - 47,84 e^{-0,01892\,(t-2005)} \tag{1}$$

O gráfico dessa função (mostrado na figura 50) pode ser construído pelos alunos usando um software livre, como o Geogebra ou Graph.

**Figura 50:** Gráfico da função associada ao número de garrafas recicladas no Brasil no ano $t$

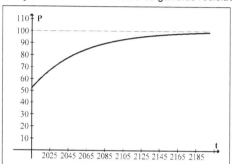

A comparação, mostrada na tabela 16, dos dados obtidos por meio do modelo com aqueles dados observados da tabela 15 nos leva a concluir que o modelo pode ser usado para o estudo da situação.

**Tabela 16:** Validação do modelo construído

| Ano | Percentual de garrafas recicladas P(t) – observado pela Abipet | Percentual de garrafas recicladas P(t) obtido pelo modelo |
|---|---|---|
| 2005 | 47 | 52,16 |
| 2006 | 51,3 | 53,05 |
| 2007 | 53,5 | 53,9 |
| 2008 | 54,8 | 54,8 |
| 2009 | 55,6 | 55,6 |

Para determinar o ano em que o Brasil se aproxima do percentual de 77,9% de garrafas pet recicladas no Japão no ano de 2009, fazemos:
$$77,9 = 100 - 47,84 e^{-0,01892\,(t-2005)} \tag{2}$$

A resolução da equação (2) conduz a t=2047. Ou seja, no ano de 2047, o Brasil chegará aos patamares já atingidos pelo Japão no ano de 2009.

É preciso considerar, entretanto, que o Japão também não irá parar de investir na progressão no que se refere aos percentuais de garrafas recicladas, visando aumentar seus percentuais atuais.

Para estudar esse comportamento naquele país procedemos da mesma maneira como fizemos para o Brasil, construindo a tabela 17 a partir dos dados da figura 48. A tendência desses dados está representada na figura 51.

Tabela 17: Dados sobre a reciclagem de pet no Japão

| Ano | Variável t | Percentual de garrafas recicladas P(t) | Diferença: 100-P(t) |
|---|---|---|---|
| 2004 | 0 | 62,3 | 37,7 |
| 2005 | 1 | 61,7 | 38,3 |
| 2006 | 2 | 66,3 | 33,7 |
| 2007 | 3 | 69,2 | 30,8 |
| 2008 | 4 | 77,9 | 22,1 |

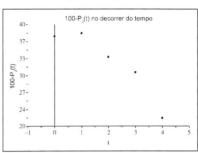

Figura 51: Tendência dos dados para o Japão

Usando dois dos 5 pontos para determinar o valor dos parâmetros $a$ e $b$, $P_1=(2, 33,7)$ e $P_2=(3, 30,8)$, podemos escrever o sistema $\begin{cases} 33,7 = a\,e^{2b} \\ 30,8 = a\,e^{3b} \end{cases}$

Resolvendo esse sistema obtemos o modelo que descreve o percentual de pet reciclado em cada ano:

$$P_J(t) = 100 - 40,34 e^{-0,08998\,(t-2004)}$$

onde $P_J(t)$ é o percentual de garrafas recicladas no Japão no ano $t$.

Igualando os modelos (1) e (3), $P_B(t) = P_J(t)$, fazemos

$$100 - 47,84 e^{-0,01892\,(t-2005)} = 100 - 40,34 e^{-0,08998\,(t-2004)}$$

o que conduz a $t=2001$.

Esse valor vem confirmar o que os dados já sinalizam: se Brasil e Japão continuarem com o mesmo comportamento em relação ao crescimento do percentual de garrafas pet recicladas, o Brasil não ameaça a primeira posição, atualmente ocupada pelo Japão, uma vez que para $t > 2005$ não ocorre igualdade entre as funções, ou seja, o percentual reciclado pelo Japão sempre será maior do que o do Brasil.

Vale ressaltar, entretanto, que no Brasil os investimentos nas indústrias de reciclagem, bem como naquelas que compram e reaproveitam esse material reciclado vem crescendo. Assim, é possível e provável que os números hoje visíveis venham a melhorar, mudando a posição do Brasil nesse cenário de reaproveitamento do pet – politereftalato de etileno.

Dados do último censo da Abipet sinalizam esse entusiasmo dos empresários do setor, cujo investimento, recorde em 2009, revela a percepção de boa perspectiva para o mercado da reciclagem de pet nos próximos anos para o Brasil, conforme mostra a figura 52.

**Figura 52:** O planejamento em investimentos dos empresários do setor de reciclagem no Brasil

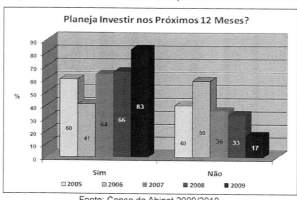

Fonte: Censo da Abipet 2009/2010.

#### Conversando com a Sala de Aula

O professor pode sugerir aos alunos o uso do software Excel (se estiver disponível na escola) ou de um software livre como o CurveExpert, por exemplo, para ajustar a função exponencial que encontramos usando apenas dois pontos. Com o software todos os pontos serão considerados e pode se obter um modelo mais robusto para a situação. O software Curve está disponível em: http://curveexpert.software.informer.com/1.4/.

Nessa atividade, o professor também pode discutir a questão do crescimento de funções. Usando as funções de crescimento no processo de reciclagem do Brasil e do Japão, pode analisar, por meio de gráficos, o significado matemático do fato de que o Brasil não vai "alcançar" o Japão.

Outro aspecto importante diz respeito ao grande volume de informações hoje disponíveis sobre a questão da reciclagem. Considerando o interesse e a criatividade de cada professor e de cada grupo de alunos, diferentes questões podem ser investigadas com os dados aqui disponibilizados.

Uma boa sugestão para enriquecer a atividade relativa à reciclagem é a visita a usinas ou empresas de reciclagem e mesmo a busca de informações em órgãos públicos ou Organizações Não Governamentais (ONGs) sobre o processo de coleta de garrafas recicláveis.

## NESTA ATIVIDADE...

**Situação inicial (problemática)**
Investigar a problemática da reciclagem de garrafas pet no Brasil.

**Inteiração**
Buscar dados na internet sobre o problema.
Conversar com pessoas especializadas no assunto.

*Informações*
Tabelas e gráficos sobre informações quantitativas e qualitativas sobre a reciclagem de garrafas pet no Brasil e em outros países do mundo.
*Definição do problema:*
Se o Brasil permanecer nesse ritmo de crescimento no percentual de garrafas recicladas, em que época poderá se igualar ao atualmente primeiro colocado no ranking da reciclagem, o Japão?

**Matematização e resolução**
*Definição de hipóteses*
*Considerar os dados a partir do ano de 2005 para o Brasil e de 2004 para o Japão*
*Definição das variáveis*
Variável independente: $t$, tempo em anos
Variável dependente: $P(t)$, percentual de garrafas pet recicladas no ano $t$

*Uso do modelo assintótico*
*O uso do número "e" para construir a função exponencial de base "e"*

*Matemática utilizada na atividade*
Função exponencial
Resolução de sistemas
Operações com logaritmos
Operações com exponenciais

*Modelos matemáticos da situação*

$$P_B(t) = 100 - 47,84e^{-0,01892\,(t-2005)} \text{ e } P_J(t) = 100 - 40,34e^{-0,08998\,(t-2004)}$$

**Interpretação e validação**
Os modelos obtidos conduzem a resultados satisfatórios.
Modelos ainda melhores podem ser obtidos com o uso de software.

**Situação final**
O Brasil, embora tenha apresentado uma evolução positiva nos últimos anos, ainda tem muito a crescer no setor para aproximar-se mais do primeiro país no *ranking* da reciclagem de pet.

# Parte III

# E A MODELAGEM MATEMÁTICA CONTINUA: O QUE AINDA PODE SER ESTUDADO

Para apresentar a última parte do livro – Parte III, iniciamos parafraseando Helle Alrø e Ole Skovsmose, dois reconhecidos educadores matemáticos dinamarqueses: "Realizar uma investigação significa abandonar a comodidade da certeza."

De fato, "aventurar-se" nos caminhos sinuosos, mas muito estimulantes, da Modelagem Matemática requer buscar o novo e o, às vezes incerto, caminho do ensinar e do aprender Matemática.

Assim, a partir do que as duas primeiras partes do livro podem indicar, acenamos aqui com algumas sugestões de temas e problemas que alunos e professores podem se propor a investigar ou mesmo somente considerar como possibilidade.

Tratamos de seis sugestões de atividades para as quais apresentamos alguns dados relativos a um tema de pesquisa bem como um encaminhamento para sua resolução. Ainda que o livro aponte uma possibilidade para o estudo da situação, o leitor pode exercer seu pleno direito (e dever) da criatividade e determinar novos rumos para a definição do problema e de sua solução.

As temáticas de que tratam as situações podem ser abordadas nas diferentes séries da educação básica, buscando a abordagem do problema com a "matemática" que aqueles alunos e professores estão dispostos a fazer.

Nesse sentido, a investigação das situações-problema em cada atividade pode tomar um direcionamento que depende das experiências e dos conhecimentos dos envolvidos com a situação. Além disso, nem professor nem alunos sabem, de antemão, quais os conceitos ou conteúdos da Matemática de que farão uso. Isso contribui para que diferentes formas de resolução sejam apresentadas, mesmo quando o problema e o conjunto de informações forem os mesmos. Assim, entendemos que o modelo matemático construído é, na verdade, "uma" representação construída sob a ótica daqueles que investigam a situação.

# CUIDADO! NÃO DEIXE A DEPRESSÃO TE PEGAR!

A depressão[1] é uma doença que influencia as atitudes das pessoas diante da sua vida e da vida daqueles que o cercam. A depressão altera os sentimentos e reduz a sensação de bem-estar; muda a forma de pensar as escolhas, o comportamento e as crenças das pessoas.

Milhares de pessoas a cada ano, independentemente da idade, do sexo, da raça, da religião e das condições econômicas e sociais, apresentam sintomas de depressão. Assim como outras doenças, a depressão necessita de tratamento por meio de cuidados médicos.

Mais de 80% das pessoas com depressão melhoram com o tratamento apropriado. Os tratamentos para a depressão incluem principalmente a psicoterapia e os medicamentos.

A grande maioria dos medicamentos tem em sua fórmula o cloridrato de fluoxetina, um inibidor da recaptação de serotonina, por ser mais aceitável em termos de tolerância e toxicidade. Está disponível no mercado em cápsulas ou em solução oral.

Prozac é o nome comercial de um medicamento no qual cada cápsula de 20mg equivale a 20mg de fluoxetina. No organismo, a fluoxetina tem meia-vida[2] de 4 a 6 dias. Esse medicamento é controlado, podendo ser utilizado somente sob recomendação médica. Existem casos em que o paciente precisa utilizar o Prozac por alguns dias e casos em que o paciente precisa ser submetido a um tratamento com o medicamento por um longo período de tempo.

Alunos do ensino médio, por exemplo, podem se divertir com a Matemática no estudo dessa situação. Considerando os interesses deles ou mesmo do professor, diferentes situações podem ser investigadas nesse caso. Indicamos, por exemplo:

- A concentração de cloridrato de fluoxetina no organismo com o passar do tempo se o paciente ingerir apenas uma cápsula de 20mg, em um caso excepcional.
- A concentração, com o passar do tempo, de cloridrato de fluoxetina no organismo de um paciente que faz um tratamento mais prolongado, ingerindo, sob orientação médica, uma cápsula do medicamento a cada cinco dias, por exemplo.

Para essa investigação pode se considerar como variável independente o tempo ($t$), dado em dias, e como variável dependente a concentração de cloridrato de fluoxetina com o passar do tempo ($C(t)$), dada em miligramas.

Para investigar a primeira situação, pode-se construir uma tabela (tabela 18) relacionando o tempo de permanência da droga no organismo (considerando a meia-vida) e a quantidade de Prozac que foi ingerida. A figura 53 apresenta a tendência dos dados referentes à concentração de cloridrato de fluoxetina de 5 em 5 dias.

Tabela 18: Concentração de cloridrato de fluoxetina no organismo

| n (variável auxiliar) | t (tempo em dias) | C(t) (Concentração do medicamento no dia t) |
|---|---|---|
| 0 | 0 | 20 |
| 1 | 5 | 10 |
| 2 | 10 | 5 |
| 3 | 15 | 2,5 |
| 4 | 20 | 1,25 |

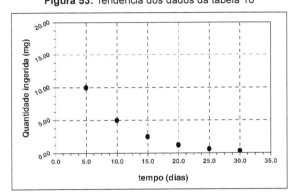

Figura 53: Tendência dos dados da tabela 18

Nesse caso, utilizando recorrência, o modelo matemático pode ser escrito na forma algébrica como $C_t = 20\left(\dfrac{1}{2}\right)^{\frac{t}{5}}$. A representação gráfica pode ser construída usando um software livre como Graph, por exemplo.

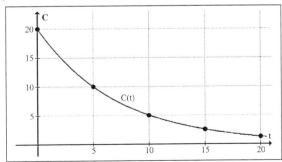

Figura 54: A concentração de medicamento no decorrer do tempo

Observando a tabela e o gráfico correspondente, é possível perceber que uma dose de 20mg leva aproximadamente 40 dias para ser "eliminada" do organismo de um indivíduo.

Considerando a 2ª situação em que o paciente necessita de um tratamento mais prolongado, ingerindo uma dose de 20mg a cada 5 dias, é preciso construir uma nova tabela, usando a concentração remanescente mais aquela ingerida.

Para iniciar a dedução e a obtenção do modelo matemático pode-se construir uma tabela (tabela 19) para observar a concentração de cloridrato de fluoxetina no organismo de um indivíduo em função do tempo.

**Tabela 19:** Concentração de cloridrato de fluoxetina no organismo – uma indicação

| $n$ | $t$ | $C(t)$ |
|---|---|---|
| 0 | 0 | 20 |
| 1 | 5 | 10+20=30 |
| . . . Continue!! | | |

Nesse caso, utilizando recorrência e a soma finita de progressão geométrica, a concentração de medicamento no organismo a cada dia pode ser escrita por uma expressão da forma: $C_t = 20\left(2 - \left(\frac{1}{2}\right)^{\frac{t}{5}}\right)$ Verifique!

Como ilustração, indicamos duas possibilidades para o estudo do uso do medicamento Prozac. Todavia, os estudantes podem "se aventurar" e buscar novos problemas e novas soluções. A criatividade é uma grande aliada!

## NOTAS

[1] Temática abordada por alunos em uma disciplina ministrada por um dos autores deste livro.
[2] Nesse momento, o professor pode apresentar o conceito de meia-vida, conforme consta na atividade do item 1 da Parte II deste livro.

# SER OU NÃO SER DOADOR DE ÓRGÃOS? EIS A QUESTÃO!

Discussões sobre a doação[1] de órgãos, campanhas publicitárias, bem como medidas governamentais de incentivo à doação são muito presentes no âmbito nacional e, por que não dizer, no ambiente de sala de aula.

Em se tratando da doação de órgãos a resistência familiar na hora de tomar a decisão por doar ou não os órgãos de um ente querido dado sua morte recente é um entrave. O potencial doador tem que ter morte encefálica, muitas vezes decorrente de acidentes graves, o que prejudica a decisão da família em doar ou não os órgãos.

Dentre os problemas que podem impedir a doação, uma vez concedida, está o fato de o paciente sofrer uma parada cardíaca durante a cirurgia de retirada dos órgãos, o que inviabiliza a doação de alguns deles, ou o fato de o doador apresentar resultados de sorologia positiva para HIV ou outras doenças infecciosas. No quadro 3 são apresentadas informações sobre condições de doação de órgãos o que sinaliza que se os procedimentos necessários não acontecerem rapidamente, os órgãos podem ser perdidos.

**Quadro 3**: Órgãos doados antes e depois da parada cardíaca e órgãos que podem ser doados em vida

| Antes da parada cardíaca | Depois da parada cardíaca | Órgãos que podem ser doados em vida |
|---|---|---|
| • Coração (retirado do doador e mantido fora do corpo por no máximo 6 horas)<br>• Pulmão (retirado do doador e mantido fora do corpo por no máximo 6 horas)<br>• Fígado (retirado do doador e mantido fora do corpo por no máximo 24 horas)<br>• Pâncreas (retirado do doador e mantido fora do corpo por no máximo 24 horas) | • Córneas (retiradas do doador até 6 horas e mantidas fora do corpo por até 7 horas)<br>• Rins (retirados do doador até 30 minutos e mantidos fora do corpo até 48 horas)<br>• Ossos (retirados do doador até 6 horas e mantidos fora do corpo por até 5 anos)<br>• Medula óssea (se compatível, feita por meio da aspiração óssea ou coleta de sangue)<br>• Pele e válvulas cardíacas | • Rim (apenas um)<br>• Pâncreas (uma parte)<br>• Medula óssea (se compatível, feita por meio de aspiração óssea ou coleta de sangue)<br>• Fígado (apenas parte dele, em torno de 70%)<br>• Pulmão (apenas parte dele, em situações excepcionais) |

Fonte: Adaptado do site do Ministério da Saúde. Disponível em: <http://dtr2001.saude.gov.br/sas/dsraduvidas.htm>. Acesso em: 28 nov. 2011.

As estatísticas mostram que o número de doações realizadas tem aumentado consideravelmente no decorrer dos últimos anos, conforme se verifica na tabela 20.

131

**Tabela 20:** Transplantes realizados por ano

| Ano | Total de transplantes realizados (órgãos sólidos, córnea e medula) |
|---|---|
| 2003 | 12722 |
| 2004 | 14175 |
| 2005 | 15570 |
| 2006 | 15788 |
| 2007 | 17428 |
| 2008 | 18989 |
| 2009 | 20253 |

Fonte: Portal da Saúde. Disponível em: <http://portal.saude.gov.br/portal/aplicacoes/noticias/default.cfm?pg=dspDetalheNoticia&id_area=124&CO_NOTICIA=11738> Acesso em: ago. 2011.

Tais informações podem ser utilizadas em sala de aula de modo que os alunos busquem inferir, por exemplo, o número de doações realizadas nos anos posteriores a 2009, caso os dados da tabela mantenham a tendência dos anos apresentados. Para pensar sobre o problema, pode ser útil construir uma representação gráfica que amplie as possibilidades de proposição de hipóteses.

Mesmo com o aumento no número de doações efetivadas, há de se considerar que o tempo que um paciente fica na fila de espera por um transplante depende de múltiplos fatores, dentre eles, o tipo de órgão de que necessita, a compatibilidade com o doador em potencial e a idade que o paciente tem. Em relação à idade, uma questão que se pode investigar refere-se às idades dos doadores de órgãos no Brasil, em outros termos: considerando as estatísticas de doação de órgãos no Brasil, o que se pode dizer sobre as idades dos doadores?

Visando responder a questão, convém construir uma expressão algébrica que relacione a idade dos doadores com a quantidade de doadores nesta idade para, em seguida, averiguar os intervalos de idade para os quais existem maior e menor número de doadores. Para pensar sobre a situação, consideramos o estado de São Paulo como representativo da situação nacional, dadas as dificuldades de encontrar informações em nível nacional. Consideramos, portanto, a tabela 21, na qual são informadas as quantidades de doadores para diferentes faixas etárias no estado de São Paulo.

**Tabela 21:** Perfil do doador de órgãos em relação à faixa etária – São Paulo

| São Paulo – faixa etária | | | | | | | | | |
|---|---|---|---|---|---|---|---|---|---|
| <01 | 01-05 | 06-10 | 11-17 | 18-34 | 35-49 | 50-64 | 65-79 | >80 | Total |
| 0 | 10 | 8 | 25 | 118 | 158 | 119 | 31 | 2 | 471 |

Fonte: Associação Brasileira de Implante de Órgãos. Disponível em: <http://www.abto.org.br/abtov02/portugues/populacao/rbt/anoXVI_n2/index.aspx?idCategoria=2>. Acesso em: ago. 2011.

Aliar à tabela uma representação gráfica pode ajudar a pensar sobre o problema. Para isso é preciso considerar, em vez de intervalos de idade, uma idade média para cada intervalo. Desse modo, segue a tabela 22 e a figura 55 em que se consideram esses intervalos médios e os pontos (idade, número de doadores).

**Tabela 22:** Perfil do doador de órgãos em relação à faixa etária

| Idade (i) | 3 | 8 | 14 | 26 | 42 | 57 | 72 | 85 |
|---|---|---|---|---|---|---|---|---|
| Doações (D) | 10 | 8 | 25 | 118 | 158 | 119 | 31 | 2 |

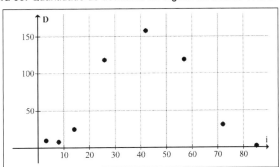

**Figura 55:** Quantidade de doadores de órgãos de acordo com a idade

Da análise conjunta entre tabela, gráfico e problema (determinar a idade em que é maior e em que é menor o número de doadores), duas hipóteses podem ser consideradas de imediato para a abordagem do problema no ensino médio: a) uma função trigonométrica do tipo seno (ou cosseno) pode se ajustar aos dados; b) uma função quadrática pode se ajustar aos dados.

Em se considerando a função quadrática, os alunos podem optar, ainda, por uma função definida por duas sentenças, de modo que cada intervalo seja ajustado por uma função quadrática. Tal escolha verifica-se frente ao problema de determinar a idade em que o número de transplantes é mínimo e, em seguida, em que este número é máximo – termos geralmente relacionados pelos alunos ao y do vértice e ao x do vértice da função quadrática.

Nesse último caso, basta considerar alguns pontos de cada intervalo e despender esforços para solucionar os sistemas de equações lineares construídos, seja por escalonamento ou por regra de Cramer. É interessante considerar um ponto comum entre os intervalos, tal como (26, 118), aproveitando para discutir, inclusive, noções de continuidade e descontinuidade de uma função.

Considerando os pontos (3, 10), (8, 8) e (26, 118) para o primeiro intervalo e os pontos (26, 18), (42, 158) e (72, 30) para o segundo intervalo, resolvendo os sistemas correspondentes

$$\begin{cases} 9a + 3b + c = 10 \\ 64a + 8b + c = 8 \\ 676a + 26b + c = 118 \end{cases} \quad e \quad \begin{cases} 676a + 26b + c = 118 \\ 1764a + 42b + c = 158 \\ 5184a + 72b + c = 31 \end{cases}$$

e utilizando as variáveis idade (i) e quantidade de doadores (D), obtém-se o modelo

$$D(i) = \begin{cases} 0,28i^2 - 3,51i + 18 & \text{para } 3 \le i \le 26, \quad \text{com } i \in R \\ -0,15i^2 + 12,45i - 106,84 & \text{para } 26 < i \le 73, \quad \text{com } i \in R \end{cases}$$

cuja validação e representação gráfica seguem na tabela 23.

**Tabela 23:** Validação do perfil do doador de órgãos em relação à faixa etária

| Idade (i) | 3 | 8 | 14 | 26 | 42 | 57 | 72 | 85 |
|---|---|---|---|---|---|---|---|---|
| D – real | 10 | 8 | 25 | 118 | 158 | 119 | 31 | 2 |
| D – modelado | 10 | 8 | 24 | 116 | 151 | 115 | 12 | -132 |

Por meio dos modelos e usando o i do vértice da função, verifica-se que há menor número de doadores com idade próxima de 6 anos e há maior número de doadores com idade próxima de 41,5 anos.

Dados para outros estados ou mesmo dados específicos para algum tipo de transplante podem também ser usados e conduzir a outros problemas, dando continuidade a essa atividade de Modelagem.

## NOTA

[1] Temática abordada por alunos do ensino médio a partir do interesse do grupo em discutir a dinâmica da doação de órgãos no país e o perfil do doador de órgãos em relação à idade.

# CONSUMO MUNDIAL DE CIGARROS

Presente nas rodas de amigos, nas conversas em família e, felizmente, nas salas de aula (não com tanta incidência quanto merece), a discussão do tema "drogas" tem grande importância, especialmente frente aos malefícios que provocam à saúde e ao uso crescente e precoce por jovens e crianças.

Dentre os tipos de drogas existentes, as mais usadas, inclusive dentre os alunos, talvez por serem legalizadas, são o álcool e os cigarros (tabaco). No gráfico da figura 56, é possível observar quais as drogas mais consumidas entre os jovens. As informações utilizadas na construção do gráfico são resultado de uma pesquisa feita com 48 mil alunos da rede pública, do 6º ano ao ensino médio, realizada pelo Centro Brasileiro de Informações sobre Drogas Psicotrópicas (Cebrid/Unifesp).

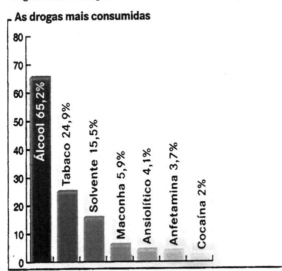

**Figura 56:** As drogas mais consumidas entre os jovens

Fonte: Revista *Nova Escola*, setembro de 2007, p. 34.

É preocupante que, mesmo diante de recomendações e de informações sobre os malefícios do uso de drogas, muitos jovens ainda se aventurem em experimentá-las, seja para fazer parte de um grupo ou simplesmente para satisfazer uma curiosidade.

A mais recente pesquisa do Centro Brasileiro de Informações sobre Drogas Psicotrópicas, realizada com 48 mil estudantes de colégios públicos, comprova: dois em cada três jovens já beberam aos 12 anos de idade – e um em cada quatro já experimentou cigarros. No entanto, boa parte da comunidade escolar ainda reluta em admitir que isso é parte da realidade (Didonê e Muttini, 2007: 34).

Dentre as doenças causadas pelo uso de cigarros, estão o câncer e outras doenças cardiovasculares. O desenvolvimento dessas enfermidades depende, em parte, da quantidade que a pessoa fuma e da idade em que começa a fumar. A começar pelas propagandas, pode parecer atrativo o uso de cigarros e álcool. Por isso, levar nossos alunos a refletir sobre os malefícios dos cigarros e do álcool pode contribuir para que os mesmos saibam tomar decisões baseados nas reflexões que realizam sobre esses assuntos.

Considerando especificamente o consumo de cigarros, tomamos como referência um gráfico da revista *Superinteressante* de agosto de 2009, figura 57, sobre a quantidade de cigarros consumidos anualmente por habitante no mundo.

**Figura 57**: Cigarros anuais por habitante no mundo

Fonte: Revista *Superinteressante*, agosto de 2009, p. 35.

As informações relativas ao período de 1950 e 2007 indicam que entre as décadas de 1950 e 1990 o consumo anual de cigarros por habitante foi crescente. Todavia para o período entre 1990 e 2007 é possível observar o decrescimento desse consumo. Considerando que isso seja uma tendência, pode ser interessante investigar o comportamento dessa diminuição nas próximas décadas. Realizar essa investigação implica em elencar algumas hipóteses que conduzirão a investigação.

Usando os dados da figura 57, podemos verificar que no período entre 1990 e 2000 o decrescimento do consumo anual de cigarros por pessoa corresponde a aproximadamente 13,75%. Já para o período de 2000 a 2007, esse percentual cai para 7,86%.

## Consumo mundial de cigarros

Considerando como hipótese que o decaimento de 7,86% do último período foi igualmente distribuído entre os sete anos, podemos afirmar que o consumo diminuiu em 1,12% ao ano nesse período. Supondo também que esse percentual se manteve no período entre 2007 e 2010, podemos afirmar que a quantidade de cigarros consumida por pessoa em 2010 foi de 813 cigarros. Com esses dados construímos a tabela 24.

**Tabela 24:** Número de cigarros consumidos por ano por pessoa

| Ano (t) | tempo (n) | Número de cigarros |
|---------|-----------|--------------------|
| 1990    | 0         | 1062               |
| 2000    | 1         | 916                |
| 2010    | 2         | 813                |

Podemos, portanto, afirmar que os dados da tabela 24 indicam que no período entre 1990 e 2000 o número de cigarros fumados por pessoa diminuiu em 13,75%. Já para o período entre 2000 e 2010, esse percentual caiu para 11,22%, aproximadamente.

No entanto, levando em consideração as campanhas mundiais de combate ao fumo, bem como as novas regulamentações em relação ao uso do cigarro em lugares públicos, vamos supor que o número de cigarros fumados por pessoa vai continuar diminuindo nas próximas décadas. Particularmente, podemos supor que essa diminuição tem um comportamento exponencial.

Nesse caso, podemos construir um modelo exponencial do tipo $f(n) = ab^n$, onde $n$ corresponde à variável auxiliar associada ao ano e $f(n)$ é o número anual de cigarros consumido por pessoa.

Usando os dados da tabela 24 pode ser construído o modelo $f(n) = 1041(0,88)^n$

Como $n = 0$ corresponde ao ano de 1990, para usar o ano $t$ no modelo obtido, podemos escrever

$$f(t) = 1041(0,86)^{\frac{t-1990}{10}} \tag{1}$$

Com esse modelo, é possível determinar o ano em que a quantidade de cigarros consumida por ano por pessoa vai se igualar à menor quantidade observada nas informações da figura 57 que ocorreu no ano de 1950. Basta fazer $702 = 1041(0,88)^{\frac{t-1990}{10}}$, o que conduz a $t \approx 2021$. Ou seja, no ano de 2021, apesar de todos os investimentos na contraindicação do hábito de fumar, somente se voltaria a uma situação que já acontecia há sete décadas.

O professor pode aproveitar ainda para abordar a ideia intuitiva de limite de uma função, construindo para isso uma tabela para diferentes valores de $t$ e o gráfico do modelo 1.

Para o modelo (1), entretanto temos que $\lim_{t \to \infty} f(t) = 0$ o que corresponde a dizer que o número de cigarros consumidos anualmente por pessoa se aproxima de zero no decorrer do tempo.

Vale atentar para o fato de que acompanhar as pesquisas que indicam os consumos de cigarro uma vez que outros fatores sociais, culturais poderão influenciar o consumo de modo que o modelo obtido a partir dos dados hoje disponíveis possa não ser adequado para incorporar mudanças comportamentais importantes em longos períodos de tempo. É muito provável que o limite a que se refere o modelo (1) não seja atingido.

# PRATO COLORIDO!
# MAIS SAUDÁVEL, MAIS BONITO!

É bom comer bem? Ou comer bem é bom? Na aula de Matemática esse assunto também pode ter vez!
Considerando a importância desse tema, especialmente para alunos das séries iniciais do ensino fundamental, informações nutricionais dos alimentos e a importância de sua variação podem render boas aulas de Matemática.

Podemos utilizar esse tema para que os alunos calculem a quantidade de calorias que ingerem a partir dos alimentos que consomem em uma refeição.

A tabela 25 apresenta alguns alimentos, a porção de cada um dos alimentos, a massa (em gramas) correspondente a cada porção e a quantidade de calorias (dada em quilocalorias) de cada quantidade de alimentos.

**Tabela 25:** Calorias dos alimentos

| Alimento | Unidade | Massa (g) | Calorias (kcal) |
|---|---|---|---|
| Abacaxi | Fatia | 100 | 52 |
| Alface | Prato de sobremesa | 35 | 6 |
| Arroz branco cozido | Colher de sopa | 80 | 88 |
| Banana-maçã | Unidade | 70 | 80 |
| Banana-nanica | Unidade | 120 | 80 |
| Batata cozida | Unidade média | 80 | 68 |
| Batata frita | 10 palitos | 100 | 274 |
| Beterraba | Prato de sobremesa | 35 | 17 |
| Bife frito | Unidade | 130 | 330 |
| Bisteca de porco | Unidade | 120 | 355 |
| Bolacha água e sal | Unidade | 8 | 32 |
| Bolacha recheada | Unidade | 15 | 78 |
| Cenoura | Unidade média | 50 | 25 |
| Chuchu | Prato de sobremesa | 60 | 55 |

138

| | | | |
|---|---|---|---|
| Doce de leite | Colher de sopa | 30 | 87 |
| Feijão preto | Concha média | 120 | 137 |
| Frango assado | Coxa média | 40 | 48 |
| Laranja | Unidade | 100 | 43 |
| Leite desnatado | Copo grande | 250 | 90 |
| Leite integral | Copo grande | 250 | 152 |
| Maçã | Unidade média | 100 | 64 |
| Macarrão | Prato | 200 | 192 |
| Mandioca cozida | Pires de chá | 100 | 119 |
| Melancia | Fatia | 100 | 31 |
| Merluza | Filé | 100 | 200 |
| Molho de tomate | Colher de sopa | 20 | 10 |
| Ovo frito | Unidade | 60 | 108 |
| Pão francês | Unidade | 50 | 135 |
| Pepino | Unidade média | 150 | 22 |
| Salsicha | Unidade | 50 | 165 |
| Tomate | Unidade | 100 | 25 |

Fonte: Terra Saúde. Disponível em: <http://saude.terra.com.br>. Acesso em: mar. 2011.

Uma atividade de Modelagem Matemática pode se configurar nas séries iniciais da educação básica a partir de informações como as apresentadas nessa tabela. Nesse sentido, uma atividade poderia ser que cada aluno fizesse uma combinação de alimentos incluindo aqueles que costuma ingerir e em seguida determinar a quantidade de calorias dessa combinação.

É importante que o professor aproveite a aula de Matemática para discutir a importância de se ingerir diferentes tipos de alimentos. Com isso, pode se estabelecer uma integração com a disciplina de Ciências abordando o tema "Prato colorido! Mais saudável, mais bonito!".

A partir das combinações apresentadas pelos alunos, o professor e alunos podem construir diferentes representações, como tabela, gráfico, registro algébrico, associadas a essas combinações, visando comparações em termos de calorias e diversificação de alimentos.

Se considerarmos a combinação "quatro colheres de sopa de arroz branco cozido, duas conchas médias de feijão preto, um bife frito e um prato de sobremesa de salada de alface", podemos apresentar os dados como na tabela 26.

**Tabela 26:** Uma combinação de alimentos

| Alimento | Quantidade consumida | Calorias |
|---|---|---|
| Arroz branco | 4 colheres de sopa | 4 x 88 = 352 |
| Feijão preto | 2 conchas médias | 2 x 137 = 274 |
| Bife frito | 1 unidade | 1 x 330 = 330 |
| Salada de alface | 1 prato de sobremesa | 1 x 6 = 6 |

Realizando os cálculos para esta combinação, obtém-se
352 + 274 + 330 + 6 = 962 calorias

Para melhor visualização os alunos, além de trabalhar com a tabela, podem construir gráficos conforme figura 58.

**Figura 58:** Registro gráfico das calorias ingeridas em uma refeição

Para determinar a quantidade de calorias de uma combinação de quatro alimentos quaisquer da tabela, pode ser usada a notação literal

$$C = (A_1 \times U_1) + (A_2 \times U_2) + (A_3 \times U_3) + (A_4 \times U_4)$$

em que

C = quantidade de calorias da combinação
$A_1$ = quantidade consumida do alimento 1
$U_1$ = quantidade de calorias em cada unidade do alimento 1
$A_2$ = quantidade consumida do alimento 2
$U_2$ = quantidade de calorias em cada unidade do alimento 2
$A_3$ = quantidade consumida do alimento 3
$U_3$ = quantidade de calorias em cada unidade do alimento 3
$A_4$ = quantidade consumida do alimento 4
$U_4$ = quantidade de calorias em cada unidade do alimento 4

As "variáveis" envolvidas na expressão matemática associada à quantidade de calorias de uma combinação genérica de alimentos indicam a quantidade de alimentos que fazem parte da combinação e da quantidade de calorias de cada um.

Diferentes hipóteses podem ser definidas pelos alunos ou pelo professor, configurando diferentes situações iniciais para a atividade de modelagem, tendo como objetivo refletir sobre os benefícios de uma alimentação saudável para o desenvolvimento do corpo humano.

Visita a restaurantes, encontros com nutricionista, análise de rótulos de alimentos são ações que o professor pode promover visando à abordagem do tema. Também a merenda escolar pode ser assunto de análise nessa situação.

# QUANTO SUCO EXISTE EM UMA LARANJA?

Como a letra da música de Paulinho Nogueira, "Meu pé de laranja-lima", que diz "[...] se eu paro pra pensar, vejo que não há nada pra esperar", assim gostaríamos que os professores, leitores deste livro, se motivassem a utilizar atividades de Modelagem Matemática em suas aulas, independentemente do nível de escolaridade no qual atuam.

No entanto, o trecho da música é utilizado aqui devido à temática que buscamos abordar neste momento – a laranja-lima[1].

As laranjas, originárias da China, foram trazidas para o continente americano pela primeira vez por Cristóvão Colombo em 1493. Aproximadamente em 1516, os portugueses iniciaram as plantações de laranjas doces no Brasil. E hoje o Brasil é o maior produtor e exportador do mundo de suco de laranja e de seus subprodutos.

O grupo de laranjas doces é conhecido cientificamente por *Citrus sinensis* (*L.*) *Osbeck* e agrupa as principais variedades: pera, natal, baía, rubi, seleta e lima, entre outras. Dentre as variedades de laranjas comercializadas *in natura*, a lima tem lugar de destaque devido a sua baixa acidez e paladar bem aceito pela população brasileira, particularmente por crianças e idosos.

Uma possível abordagem do tema se refere à quantidade de suco que uma laranja-lima pode conter. Nesse contexto, a situação requer que diferentes laranjas sejam escolhidas de modo a fazer a coleta e organização das informações. Para isso, uma hipótese pode influenciar na coleta dos frutos: a de que quanto maior o comprimento da circunferência maior da laranja, considerada aqui a circunferência maior de uma esfera, maior a quantidade de suco que contém. A essa circunferência maior, considerando os termos utilizados pelos alunos das séries iniciais, chamaremos de *cintura* (nessa aparente "brincadeira", ter cintura fina não é interessante!).

Propomos que, quando possível, assim como fizeram os alunos que lidaram com essa situação pela primeira vez, os alunos possam ir até um pé de laranja-lima (figura 59) ou até a uma quitanda para escolher os frutos. No caso, considerando a hipótese enunciada no parágrafo anterior, faz-se conveniente escolher frutos que tenham, visualmente, diferentes "cinturas".

Quanto suco existe em uma laranja?

**Figura 59:** Coleta das laranjas no pé de laranja-lima

Em seguida, dependendo do nível de escolaridade em que a atividade for desenvolvida, os alunos podem utilizar um barbante e uma régua para realizar as medidas dos comprimentos das circunferências maiores (*cinturas*) de cada laranja (figuras 60 e 61).

**Figura 60:** Medida da "cintura" da laranja com barbante

**Figura 61:** Medida em centímetro da "cintura" da laranja

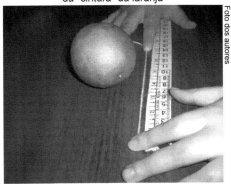

Para finalizar o processo de coleta de dados, o professor pode cortar ao meio cada laranja e os alunos podem espremê-las, anotando a quantidade de suco que cada uma possui (figuras 62 e 63).

143

**Figura 62:** Coletando o suco da laranja

**Figura 63:** Anotando a quantidade de suco das laranjas

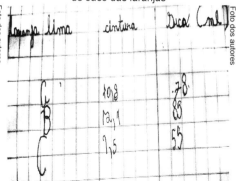

Na ocasião da coleta dos dados apresentados nas fotografias, os alunos obtiveram as informações da tabela 27. Por meio dessas informações e de sua representação no gráfico da figura 64, o professor pode discutir com os alunos a relação de que quanto maior a "cintura" da laranja, maior quantidade de suco ela contém.

**Tabela 27:** Suco das laranjas em ml

| Comprimento da circunferência (cm) | Suco (ml) |
|---|---|
| 7,3 | 45 |
| 8,8 | 52 |
| 9,5 | 55 |
| 10,0 | 74 |
| 10,8 | 78 |
| 12,1 | 85 |
| 12,2 | 88 |
| 13,2 | 100 |

**Figura 64:** Pares ordenados (cintura em cm, suco em ml)

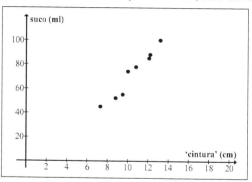

É possível construir, ainda, uma expressão algébrica relacionando as duas grandezas, utilizando uma função polinomial do primeiro grau e dois pontos conhecidos da tabela 27. Discutir quais os melhores pares de pontos para compor o sistema de equações lineares correspondentes de modo a obter melhor validação, pode ser atividade inerente à situação.

O modelo obtido usando os dados da tabela 27 é dado por

$$S(c) = 9,6c - 28,8$$

em que $c$ é o comprimento da circunferência maior da laranja, a "cintura" em centímetros, e $S(c)$ é a quantidade de suco de laranja-lima, em mililitros.

## NOTA

[1] Temática abordada, inicialmente, no âmbito das séries finais do ensino fundamental.

# PINTAR PODE SER BEM DIVERTIDO! MAS "QUANTOS SÃO OS METROS DE PINTURA"?

A pintura em igrejas vem ocupando atenção especial no decorrer de toda a história da humanidade, dadas as suas especificidades, magnificência e importância cultural e histórica.

Desde a Idade Média a arte vem sendo marcada por uma forte influência da Igreja, ao mesmo tempo em que podemos observar traços de diversos estilos artísticos nas pinturas, esculturas, livros e construções de templos. Os diferentes movimentos artísticos que se configuraram no decorrer da história estão sinalizados em templos religiosos de diferentes lugares do mundo.

Essa presença e influência da arte sobre a construção e manutenção de igrejas atinge não somente edificações religiosas antigas, mas também as construções contemporâneas em cidades menos importantes do ponto de vista turístico e histórico.

**CURIOSIDADES**

Uma igreja famosa por suas pinturas de teto é a Martinskirche (igreja de S. Martinho). Suas pinturas datam do século XII e consistem em 153 painéis, sendo a única no mundo a se encontrar quase totalmente preservada. Sua localização é o vilarejo de Zillis-Reischen, uma pequena comunidade da Suíça, no Cantão Grisões, com cerca de 376 habitantes e uma área de 24,46km².

Fonte: Disponível em: <http://www.myswitzerland.com/pt/destinos/as-200-melhores-atracoes/igreja-de-st-martin-a-mais-antiga-pintura-de-teto.html>. Acesso em: 2 jan. 2012

Já em terras brasileiras, a Igreja Nossa Senhora da Misericórdia, localizada em Porto Seguro-BA, entra para o Livro dos Recordes Brasileiros, por ser a primeira igreja do Brasil. O local possui um estilo barroco e primitivo em seu interior, com uma decoração simples e rústica. Conserva as paredes e a parte central desde sua origem e abriga uma imagem barroca de Cristo crucificado. Construída no ano de 1526, recebeu primeiramente o nome de Igreja Nossa Senhora dos Passos. Atualmente, a igreja é um museu de arte sacra e guarda raridades preciosas como a imagem de nosso Senhor dos Passos, do ano de 1585.

Foi esta discussão a respeito da influência da arte sacra sobre a construção de igrejas em pequenas cidades do interior que levou um grupo de professoras[1] da educação básica a trazer para a sala de aula um problema vivenciado por uma delas em sua comunidade na cidade de Cianorte-PR: a pintura da igreja católica da cidade (figura 65).

A partir do interesse em participar de uma discussão daquela comunidade, as professoras resolveram abordar a problema da determinação da área a ser pintada na fachada da referida igreja.

Definiram então o problema: determinar a área da parte que recebe tinta na fachada do Santuário localizado na cidade de Cianorte, apresentado na figura 65.

**Figura 65:** Fachada do Santuário Eucarístico Diocesano

Para coletar os dados, as professoras se encontraram na cidade em um final de semana e procederam às medições. Alguns dados referentes a esse problema foram encontrados com o auxílio de uma trena a *laser* e um inclinômetro (que fornece o ângulo de inclinação da trena). Essas medidas estão apresentadas na figura 66.

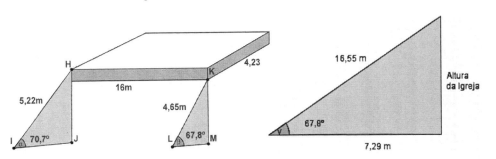

**Figura 66:** Medidas encontradas empiricamente

A partir dessas medidas, determinaram a área a ser pintada na fachada considerando as possibilidades para diferentes níveis de escolaridade, conforme mostramos de forma abreviada na sequência.

147

## SUGESTÃO DE ENCAMINHAMENTO PARA O ENSINO FUNDAMENTAL

Em se tratando do ensino fundamental, a área da fachada da igreja poderia ser determinada por partes, considerando que cada parte da fachada poderia ser representada por meio de figuras planas, tal como semicircunferência, retângulo e triângulo (figura 67). Desse modo, a área total ($A_t$) seria a soma das áreas das três partes. Como a fachada parece simétrica, vamos determinar a área do triângulo à direita e multiplicar o resultado por 2, encontrando a área das duas regiões triangulares.

No entanto, antes de calcular a área de cada região, é preciso determinar as medidas dessas figuras planas. Algumas dessas medidas, já indicadas na figura 66, podem ser encontradas por meio da investigação *in loco*. Usando as fórmulas para a área de uma semicircunferência (região 1), de um retângulo (região 2) e de um triângulo (região 3), obtemos $A_1 = 153{,}56m^2$, $A_2 = 122{,}44m^2$, $A_3 = 11{,}49m^2$ e $A_t = 298{,}98m^2$ como resultado. Para determinar a área do triângulo, é necessário, antes, encontrar a altura desse triângulo, o que implica usar semelhança de triângulos e proporcionalidade.

**Figura 67:** Divisão da fachada da igreja em figuras planas – abordagem para o ensino fundamental

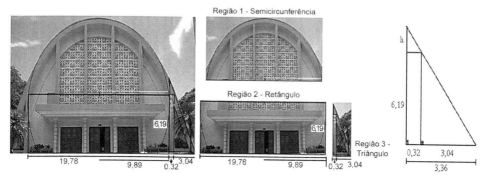

Da área $A_t$, subtraímos a área das regiões que não recebem tinta, referente às portas e aos vitrais, e adicionamos as áreas relativas à marquise – área lateral, área da parte superior e inferior. Deste modo, a área total ($A_T$) será assim determinada:
$A_T = A_t - A_{vitrais} - A_{portas} + A_{lateral\ da\ marquise} + A_{supe\ e\ inf\ marquise}$.

*Área das portas:* as portas são quadrados de lado 3m, logo, $A_{portas} = 27m^2$.

*Área dos vitrais onde não se utilizou tinta*: os vitrais são compostos por tijolos de vidro dispostos conforme a figura 68 os quais podem ser aproximados por quadrados e retângulos. Desse modo, $A_{total\ dos\ vitrais} = 17{,}70m^2$.

**Figura 68:** Vitrais e marquise da fachada da igreja

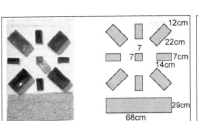 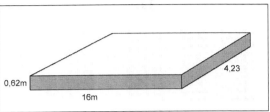

*Área das laterais da marquise*: a marquise, cujas dimensões também podem ser medidas *in loco*, pode ser considerada um prisma retangular, como mostra a figura 68, assim, $A_{LM} = 5{,}24 m^2$.

*Área das faces inferior e superior da marquise*: estas faces podem ser consideradas retângulos de 4,23m de largura por 16m de comprimento. Desconsiderando a interseção dos pilares com a marquise, obtemos $A_{ism} = 135{,}36 m^2$.

Desse modo, temos: $A_T = A_t - A_{vitrais} - A_{portas} + A_{lateral\,da\,marquise} + A_{supe\,e\,inf\,marquise}$ \quad (1)
$A_T = 394{,}88 m^2$.

Nessa abordagem da atividade, os conteúdos "área de figuras planas", "semelhança de triângulos" e "proporção" são utilizados para possibilitar a determinação da área da fachada da igreja e, nesse caso, o modelo matemático (ou a representação matemática) associado ao problema corresponde à área total da parte fachada que recebe tinta dada pela expressão (1).

## SUGESTÃO DE ENCAMINHAMENTO PARA O ENSINO MÉDIO

Uma possível abordagem desta atividade no ensino médio consiste em aproximar as regiões referentes à fachada do Santuário a figuras planas, como trapézios, retângulos e triângulos. Nesse caso, a fachada poderia ser dividida em três regiões. Uma região central ($A_C$), a região à direita ($A_D$) e a região à esquerda ($A_E$) (figura 69). Desse modo, a área total ($A_t$) seria a soma das áreas das três partes. Como a fachada parece simétrica, vamos determinar a área da região direita e multiplicar por dois encontrando a área das duas regiões laterais.

**Figura 69:** Divisão da fachada em três regiões – abordagem para o ensino médio

Dessa área, assim como no encaminhamento anterior, é preciso subtrair a área das regiões que não recebem tinta e adicionar as áreas relativas às laterais dos pilares – não consideradas anteriormente – e da marquise, e a parte superior e inferior da marquise. Desse modo, a área total ($A_T$) será:

$$A_T = A_C + 2A_1 + 2A_2 + 2A_3 - A_v - A_p + A_{lp} + A_{lm} + A_{si} + A_{fp}$$

onde $A_v = A_{vitrais}$; $A_p = A_{portas}$; $A_{lp}$ = Área lateral dos pilares; $A_{lm}$ = Área lateral da marquise; $A_{si}$ = Área superior e interior à marquise e $A_{fp}$ = Área frontal dos pilares.

A região central pode ser aproximada a um retângulo e a região lateral pode ser aproximada a trapézios e um triângulo retângulo, conforme apresentamos na figura 70. Para o cálculo das medidas apresentadas na figura 70, será necessário que o aluno utilize as medidas encontradas empiricamente e os conceitos de trigonometria no triângulo retângulo. Com o auxílio da trigonometria, o aluno encontra a altura total do Santuário (15,19m) e a espessura da marquise[2].

Colocando-se a fachada do Santuário em um eixo cartesiano, temos os pontos B e C apresentados na figura 71. Com esses dados e com a hipótese de que o arco do santuário representa uma parábola, o aluno determina o modelo matemático que representa o arco do santuário. A curva que representa o arco da fachada passa pelos pontos: (-13,2 , 0); (0 , 15,19) e (13,2 , 0). Aproximando-se a uma função quadrática, temos o modelo:

*$f(x) = -0,0872 x^2 + 15,19$.*

De posse desse modelo, e tomando-se alguns pontos do domínio (eixo x), pode-se determinar a medida de qualquer ponto do arco da fachada. Com esses dados, encontra-se $A_C = 56,20$ m$^2$, $A_1 = 49,93$ m$^2$, $A_2 = 34,43$ m$^2$ e $A_3 = 9,41$ m$^2$.

**Figura 70:** Aproximação das regiões em figuras planas

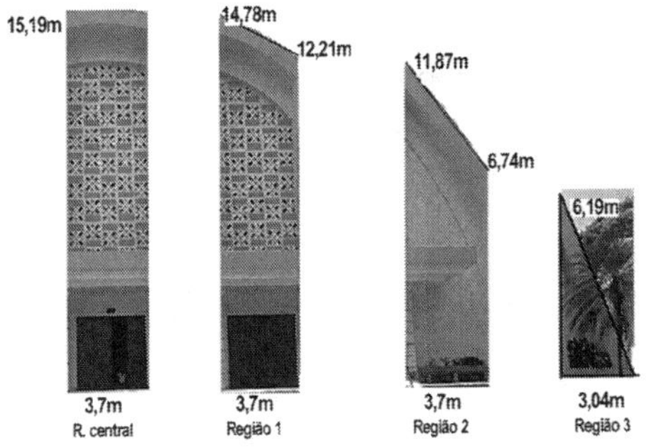

**Figura 71:** Representação do eixo cartesiano

A área referente aos vitrais, às portas e à lateral da marquise é calculada do mesmo modo que no encaminhamento anterior. Quanto à área das faces inferior e superior da marquise, consideraremos, agora, que a intersecção dessa região com os quatro pilares não recebe tinta. Logo, $A_{ism}$ = 132,08m².

*Laterais dos pilares*: a lateral de cada pilar é formada por retângulos de mesma profundidade (1,28m) e altura variando de acordo com o pilar. No caso do primeiro pilar (o mais alto) e do segundo pilar (o do meio) deve-se retirar da área, a parte encoberta pela marquise. Para determinar a altura interna de cada pilar, é necessário encontrar a função *g(x)*, apresentada na figura 72, e com ela, as respectivas alturas. A função *g(x)* pode ser encontrada do mesmo modo que a função *f(x)*. Assim, a área total das laterais dos pilares é: AL=145,162$m^2$.

**Figura 72:** Região sob o beiral e representação das funções *f(x)* e *g(x)*

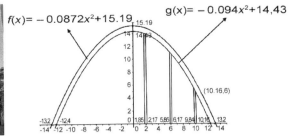

$f(x) = -0.0872x^2 + 15.19$

$g(x) = -0.094x^2 + 14,43$

*Região frontal dos pilares:* como podemos observar na figura 73, a região frontal dos pilares pode ser aproximada a trapézios cuja altura é 0,32m e as bases variam de acordo com a posição. Assim, $A_{frontal\ dos\ pilares} = 2.A_{p1} + 2.A_{p2} + 2.A_{p3}$ = 21,34m².

151

Modelagem Matemática na educação básica

**Figura 73:** Área frontal dos pilares

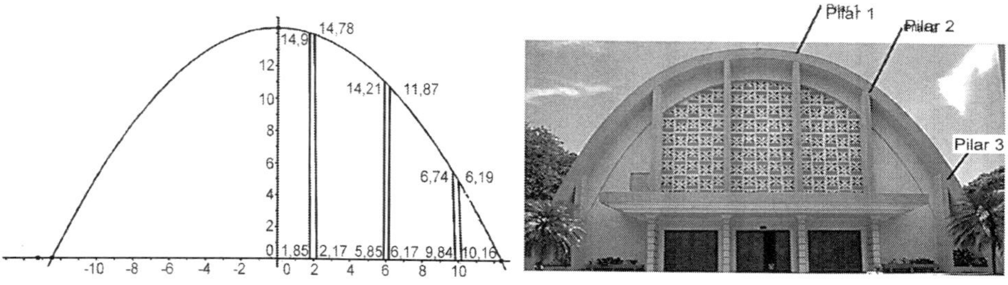

Desse modo, temos

$$A_T = A_C + 2A_1 + 2A_2 + 2A_3 - A_{vitrais} - A_{portas} + A_{lateral\,dos\,pilares} + A_{lateral\,da\,marquise} + A_{supe\,e\,inf\,marquise} + A_{frontal\,dos\,pilares},$$

ou seja, $A_T = 502,87m^2$.

Com essa atividade, podem ser abordados os tópicos matemáticos: área de figuras planas, conceitos de trigonometria no triângulo retângulo e funções quadráticas (determinação da função e valores da função para determinados valores do domínio). Apenas alguns pontos da "altura" do santuário são apresentados aos alunos; os outros pontos, que se configuram como as "alturas" dos pilares, podem ser encontrados após a determinação dessas funções quadráticas.

## NOTAS

[1] Professoras que ministram aula também em turmas da educação básica e estavam cursando a disciplina de Modelagem Matemática na Perspectiva da Educação Matemática em curso de mestrado em ensino de Ciências e Educação Matemática.

[2] Diferente da primeira abordagem, aqui as informações numéricas são aquelas inicialmente apresentadas (figura 66).

# CONSIDERAÇÕES FINAIS

Ao utilizar a Modelagem Matemática como alternativa pedagógica, inserimos os alunos em um contexto de aprendizagem em que a discussão de situações-problema, geralmente extramatemáticas, a matematização dessas situações, a participação ativa e o uso de múltiplas representações se fazem essenciais. Mais do que utilizar os conceitos matemáticos como instrumentos para a investigação da situação, na atividade de modelagem os alunos são levados a pensar sobre os objetos matemáticos em si.

Em muitas situações, ao se envolver com atividades de modelagem, os alunos se deparam com um obstáculo para o qual não possuem, provisoriamente, conhecimentos suficientes para superá-lo, havendo, portanto, a necessidade de construir esse conhecimento por meio dessa atividade. Logo, em atividades como as apresentadas neste livro, os alunos tanto podem ressignificar conceitos já construídos quanto construir outros diante da necessidade de seu uso.

De modo geral, ao investigar uma situação problemática via modelagem, os alunos partem dessa situação, denominada na primeira parte do livro de situação inicial, com vistas a obter uma situação final que represente a solução para essa situação inicial. Mas, para isso, os envolvidos na investigação utilizam uma série de procedimentos e conceitos. Os percursos traçados pelos alunos, desde a situação inicial até a final, são enriquecidos quando os trabalhos são desenvolvidos em grupos, o que nos leva a afirmar que as atividades de modelagem são essencialmente cooperativas.

Portanto, em atividades de modelagem, o professor e, por que não dizer, os próprios alunos agem como mediadores uns dos outros em relação à dinâmica do desenvolvimento da atividade e à construção de conhecimentos. Nessa perspectiva, a mediação pode ser entendida como uma cocriação de contextos, a partir dos quais, pela imposição de conflitos e pela diversidade existente, possibilita a construção de conhecimentos, matemáticos ou não, e experiências de ordem social, cognitiva e metacognitiva.

Tal mediação contribui, ainda, para minimizar o desafio que é mover-se de um paradigma em que há exposição de conteúdos e prática de exercícios repetitivos, para um paradigma de enfrentamento de situações, de modo geral, não idealizadas. As práticas de sala de aula baseadas na realização de atividades investigativas, como é o caso das atividades de Modelagem Matemática, ao mesmo tempo em que requerem um novo comportamento diante dos problemas, envolvem professor e alunos com a própria definição de um problema, algo muitas vezes negligenciado no âmbito da educação básica.

Apesar do desafio que essa mudança de paradigma representa, este livro tem como uma das intenções promover o debate sobre o que é a Modelagem Matemática, sobre como fazer modelagem em sala de aula e sobre o porquê fazer uso da modelagem na sala de aula. Entendemos que o estabelecimento desse debate, aliado às experiências de atividades de modelagem já desenvolvidas e aqui apresentadas, pode, inclusive, motivar os professores a se aventurar, como um dia também nos aventuramos. Entendemos que se aventurar neste tipo de atividade investigativa representa uma série de ganhos para todos os atores envolvidos no processo. Ganhos que provavelmente se converterão em inclusão social, na medida em que os conhecimentos advindos das experiências de modelagem possibilitarem a participação dos alunos e professores em discussões em que a Matemática é utilizada.

É por isso que esperamos que os leitores, também professores, se aventurem em implantar nas suas aulas as atividades aqui descritas e outras que a leitura delas fizer suscitar, considerando, a partir de então, as especificidades de sua turma e contexto, no que tange, dentre outras coisas, aos conhecimentos prévios e aos interesses do grupo.

E é assim que, juntos, compartilhando experiências e construindo outras tantas, vamos "construindo" entendimentos de Modelagem Matemática e dos modos de fazer modelagem, se aventurando na busca de compreender, via Matemática, uma situação que por algum motivo desperte o interesse.

# BIBLIOGRAFIA

ALLEVATO, N. *Associando o computado à resolução de problemas fechados:análise de uma experiência.* Rio Claro, 2005. Tese (Doutorado) – Programa de Pós-Graduação em Educação Matemática, Universidade Estadual Paulista, 2005.

ALMEIDA, L. M. W.; BRITO, D. S. Atividades de Modelagem Matemática: que sentido os alunos podem lhe atribuir?. *Ciência e Educação* (Unesp), v. 11, pp. 1-16, 2005.

_____; DIAS, M. R. Um estudo sobre o uso da Modelagem Matemática como estratégia de ensino e aprendizagem. *Bolema*, n. 22, pp. 19-35. Rio Claro: 2004.

_____; FERRUZZI, E. C. Uma aproximação Socioepistemológica para a Modelagem Matemática. *Alexandria* (UFSC), v.2, pp. 117-34, 2009.

ALMEIDA, P. Aprender com as diferenças. Disponível em: <http://www.planetaeducacao.com.br/portal/artigo.asp?artigo=1110>. Acesso em: 12 jun. 2011.

ALRØ, H. SKOVSMOSE, O. *Diálogo e aprendizagem em Educação Matemática.* Trad. Orlando Figueiredo. Belo Horizonte: Autêntica, 2006.

AUSUBEL, D.P. et al. Trad. Eva Nick. *Psicologia educacional.* 2. ed. Rio de Janeiro: Interamericana, 1980.

BARBOSA, J. C. Modelagem na Educação Matemática: contribuições para o debate teórico. *Reunião anual da ANPED,* 24, 2001, Caxambu. Anais. Rio Janeiro: ANPED, 2001. 1 CD-ROM.

_____; SANTOS, M. A. Modelagem Matemática, perspectivas e discussões. *Encontro Nacional de Educação Matemática,* 9º, 2007, Belo Horizonte. Anais... Recife: SBEM, 2007. 1 CD-ROM.

BASSANEZI, R. C. *Ensino-aprendizagem com Modelagem Matemática.* São Paulo: Contexto, 2002.

BLUM, W., NISS, M. Applied mathematical problem solving, modelling, applications, and links to other subjects – state, trends and issues in mathematics instruction. *Educational Studies in Mathematics,* Dordrecht, v. 22, n. 1, pp. 37-68, 1991.

BRESSAN, F. G. *A vida por trás dos olhos amendoados*: um livro-reportagem sobre os portadores da Síndrome de Down. Londrina: Eduel, 2002.

CALDEIRA, A. D. Modelagem Matemática: um outro olhar. *Alexandria* (UFSC), v. 2, pp. 33-54, 2009.

CARAÇA, B. J. *Conceitos fundamentais da Matemática.* Lisboa: Sá da Costa, 1984.

CARREIRA, S. Where there's a model, there's a metaphor: metaphorical thinking in students' understanding of a mathematical model. *Mathematical Thinking and Learning,* 3(4), 261-267, 2001.

CUNHA, A. G. da. *Dicionário etimológico Nova Fronteira da Língua Portuguesa.* Rio de Janeiro: Nova Fronteira, 1989.

CHARLOT, B. *Da relação com o saber*: elementos para uma teoria. Porto Alegre: Artmed, 2000.

DAMM, Regina F. Registros de Representação. In: MACHADO, Silvia Dias Alcântara. *Educação Matemática*: uma introdução. São Paulo: EDUC, 1999, pp.135-54.

D'AMBRÓSIO, U. *Dos fatos reais à modelagem: Uma proposta de conhecimento matemático.* Disponível em: <http://vello.sites.uol.com.br/modelos.htm>>. Acesso em: 5 jun. 2003.

_____. *Educação Matemática*: da teoria à prática. Campinas: Papirus, 1996.

DIDONÊ, D.; MUTTINI, R. Drogas, só a escola não quer ver. *Revista Nova Escola.* São Paulo, setembro, 2007.

DUVAL, R. Registros de representação semiótica e funcionamento cognitivo da compreensão em matemática. In: MACHADO, S.D.A. *Aprendizagem em Matemática*: registros de representação semiótica. Campinas: Papirus, 2003, pp. 11-34.

_____. *Semiosis y pensamiento humano: Registros semióticos y Aprendizajes intelectuales.* Universidad del Valle Colombia, 2004.

FERRI, R. B. On the Influence of Mathematical Thinking Styles on Learners' Modeling Behavior. *J Math Didakt* (2010) 31: 99-118.

Font, Vicenç et al. *Enfoque ontosemiótico de las representaciones em educación matemática.* (2005). Departamento de Didáctica de la Matemática. Universidade de Granada. Disponível em: <http:/www.ugr.es/~jgodino/ índice_eos. htm>. Acesso em: 13 set. 2006.

Freudenthal, H. *Mathematics as an education task.* Dordrecht: Kluwer, 1973.

Giovanni, J.; Bonjorno, J. R.; Giovanni Jr., J. *Matemática Fundamental:* uma nova abordagem – ensino médio. São Paulo: FTD, 2002.

Godino, J. D.; B. Atanero, C.; Font, V. *Um enfoque ontosemiótico do conhecimento e a instrução Matemática.* (2006) Disponível em: <http://www.ugr.es/local/jgodino>. Acesso em: 1º maio 2006.

Gómez-Granell, C. Rumo a uma epistemologia do conhecimento escolar: o caso da educação matemática. In: Rodrigo, M. J. (org) *Domínios do conhecimento, prática educativa e formação de professores:* a construção do conhecimento escolar. Trad. Claudia Schilling. São Paulo: Ática, 1998, pp. 15-41.

Houaiss, A. *Dicionário Eletrônico Houaiss da Língua Portuguesa.* Rio de Janeiro: Objetiva, 2009.

Kaiser, G.; Sriraman, B. A global survey of international perspectives on modelling in mathematics education. *Zentralblatt für Didaktik der Mathematik,* v. 38, n. 3, 2006. pp. 302-10.

Keitel, C. Implicit mathematical models in social practice and explicit mathematics teaching by applications. In: Lange, J. et al. *Innovation in maths educations by modelling and applications.* Chichester: Ellis Horwood, 1993, pp. 19-30.

Klüber, T. E. Considerações sobre práticas(s) de Modelagem Matemática na Educação Matemática. *X Encontro Nacional de Educação Matemática, Anais,* Salvador, 2010.

Lachini, J. Subsídios para explicar o fracasso de alunos em Cálculo. In: Laudares, J.B. e Lachini, J. *A prática educativa sob o olhar dos professores de cálculo.* Belo Horizonte: Fumarc, 2001, pp. 146-89.

Legé, J. Approaching minimal conditions for the introduction of mathematical modeling. *10ᵗʰ International Congress in Mathematical Education.* Copenhague, Dinamarca. Disponível em: <http:// www.icme-organisers.dk>. Acesso em: 20 de maio de 2005.

Lesh, R.; Carmona, G.; Hjalmarson, M. *Working group: models and modeling. PME-NA Proceedings,* Mérida, pp. 1-4, 2006.

Matos, J.F. *Actividades Matemáticas na sala de aula: características e potencialidades.* Disponível em: <http://correio.cc. fc.ul.pt/~jflm/amecp/amecp_doc1.html<http://correio.cc.fc.ul.pt/~jflm/amecp/amecp_doc1.html>. Acesso em: dezembro de 2003.

_____. Educação Matemática e Cidadania. *Quadrante,* v.11, 1, 2002, p.16.

Niss, M. O papel das aplicações e da modelação na Matemática escolar. Trad. Paulo Abrantes. *Educação e Matemática* 23, 3º trimestre, 1992.

Pais, L. C. *Educação escolar e as tecnologias da informática.* 1. ed. São Paulo: Autêntica Editora, 2005. (Coleção Trajetória).

Reynolds, R.; Wheatley, G. How do social interactions contribute to learning? In: H. Mansifiel, N. Pateman e N. Bednarz (ed.) *Mathematics for tomorrow's young children – International perspectives on curriculum.* Dordrecht: Kluwer academic Publishers, 1996, pp. 186-97.

Rico, Luis. Sobre las nociones de Representación y Comprensión en La Investigación en Educación Matemática. *IV Simposio SEIEM, 2000 – Ponencia invitada al Seminario de Investigación I,* Huelva. Disponível em: <http://www. ugr.es/local/seiem/IV_Simposio.htm>. Acesso em: 12 de julho de 2005.

Silveira, E. *Modelagem Matemática em Educação no Brasil: entendendo o universo de teses e dissertações.* Curitiba, 2007. Dissertação (Mestrado em Educação) – Setor de Educação, UFPR.

Skovsmose, O. *Educação Matemática crítica:* a questão da democracia. Campinas: Papirus, 2001.

_____. Reflective knowledge: its relation to the mathematical modelling process. *Int. J. Math. Educ. Sci. Technol.,* London, v. 21, n. 5, pp. 765-79, 1990.

Versignassi, A. Até à última ponta. *Revista Superinteressante,* agosto de 2009, n. 268, p. 35.

# OS AUTORES

## LOURDES WERLE DE ALMEIDA

É professora da Universidade Estadual de Londrina, onde atua no curso de graduação em Matemática e no Programa de Pós-Graduação em Ensino de Ciências e Educação Matemática. É licenciada em Matemática pela Unioeste, mestre em Matemática pela UEL e doutora em Engenharia de Produção pela UFSC. Tem experiência na área de Matemática, com ênfase em Educação Matemática, atuando principalmente com Modelagem Matemática e formação de professores. Coordena o Grupo de Pesquisas sobre Modelagem e Educação Matemática e o Grupo de trabalho de Modelagem Matemática da Sociedade Brasileira de Educação Matemática.

## KARINA PESSÔA DA SILVA

Licenciada em Matemática pela Universidade Estadual de Londrina (UEL). Especialista em Educação Matemática e mestre em Ensino de Ciências e Educação Matemática pela mesma instituição. Doutoranda em Ensino de Ciências e Educação Matemática pela Universidade Estadual de Londrina (UEL).

## RODOLFO EDUARDO VERTUAN

Licenciado em Matemática pela Universidade Estadual de Londrina (UEL). Especialista em Educação Matemática e Mestre em Ensino de Ciências e Educação Matemática pela mesma universidade. Doutorando em Ensino de Ciências e Educação Matemática pela Universidade Estadual de Londrina (UEL). É professor da Universidade Tecnológica Federal do Paraná (UTFPR), campus Toledo.

# CADASTRE-SE
## EM NOSSO SITE,
## FIQUE POR DENTRO DAS NOVIDADES
## E APROVEITE OS MELHORES DESCONTOS

---

LIVROS NAS ÁREAS DE:

História | Língua Portuguesa
Educação | Geografia | Comunicação
Relações Internacionais | Ciências Sociais
Formação de professor | Interesse geral

ou
editoracontexto.com.br/newscontexto

Siga a Contexto
nas Redes Sociais:
@editoracontexto